日常は5ミリずつの成長でできている

一田憲子

大和書房

はじめに

数年前のこと。晩ご飯の後にウォーキングに出かける、という人のお話を聞きました。さっそく私も真似をして出かけてみたら、歩き出したとたん、頭の上に星がまたたいていることに気づきました。いつもならテレビを見ながらダラダラ過ごし、あっという間に寝る時間……。なのにその日は一歩外に出ただけで、そこには夜空があった。

それから年月が経ち、歩くのを朝に変えてみました。キーンと冷たい冬の朝、白い息を吐きながら歩き出すと、向こうの空が次第に明るくなってきます。「ひゃあ、地球の目覚めに立ち会ったみたいだわ！」と、大発見したような気分になりました。

どこにも出かけなくても、何かを得なくても、小さな習慣をひとつ変えることで、今まで見えなかった風景が見えるようになる。その事実にいつも感動します。

歩きながら、もしかしたら私は今、幸せなのかも、と思いました。若い頃から「どうしたら私は幸せになれるのだろう？」と探し続けてきたのに。

一方で、この幸せがポロポロと崩れる日がくるのかも、と心配になったりもします。でも、どんなに頑張っても不安を防ぐための準備なんてできない、とこの歳になってわかってきました。だったら私ができるのは、今日より明日がちょっとだけよくなるように、毎日5ミリずつ、いろんなことを試しながら進んでいくことだけ。

おばあちゃんになっても、ご飯の作り方や掃除の仕方を少し変えてみて、「ほ〜、そうだったか！」と新しい発見ができたら、それが幸せなのかもしれないなあと思います。

あたらしい年

1～3月

1月 1日

今年の目標は「優しく」

除夜の鐘の音を聞き、身の穢れをはらって、まっさらな気持ちで新年を迎える。そんな日本の風習はすばらしいなあと毎年思います。どんなに失敗しても、どんなに成功しても一旦ゼロに戻る。そしてまた一歩から始める。だからお正月は、いつも背筋が伸びて、清々しい気持ちになります。

今年はどんな年にしようかなあ。そう考えておりました。

もちろん仕事も頑張るし、ワクワクすることをたくさんやってみたいけれど、一番は「優しくいよう」と思います。何を今さら！　という感じですが、歳を重ねるにつれ、そんな思いが強くなってきました。

若い頃は、いいライターになりたくて、いい仕事がしたくて、野心もいっぱい、ヤル気もモリモリでした。

でも、どんなにいい仕事をしても、すぐそばにいる人に喜んでもらえなかったらなんにもならない……。すぐ横にいる人を、ほんのわずかな一言で傷つけるようでは、どんなに成功したって意味がない。

最近そう思います。

かなり昔、母が東京に遊びに来たことがありました。二人で買い物に出かけると、駅のホームはいつもの通りすごい人！　私は人ごみをかき分け、サッサカ進み、「こっちこっち！」と呼ぼうとふと振り返ると、母がすれ違いざまに人とぶつかって、「あら、ごめんなさい」と深々と頭を下げているところでした。

「そんないちいち謝らなくていいから、早く早く！」と手を引っ張りましたが、母が帰っていった後、そのときの駅の風景が忘れられなくなりました。

みんなが自分の目的地を目指してサッサカと歩く中、母だけが立ち止まって「ごめんなさいね」と頭を下げている……。

ああ、私は、毎日なんて心をなくして、ここを歩いていたんだろう、と思ったのでした。

ぶつかった人にちゃんと謝る。そんな心を取り戻さなくちゃと。

自転車置き場のおじさんに「お、寒いね！　行ってらっしゃい！」と笑顔で声をかけられると、朝からうれしくなります。

たった一言の挨拶、一瞬の笑顔で、相手を幸せにできる。何かを成さなくても、そうやって人に優しく、温かくいられればいいなあと思います。

まずは、最もそばにいる夫に今年こそはプンプン怒らない練習から始めなくちゃ！

1月2日

「優しさ」は「正しさ」に勝る

昨日書いた「優しさ」について、もう一度。

新幹線で実家へ。元旦だから空いているだろう、と思っていたら、駅はめちゃ混み、車内は満席でした。でも、いいお天気で、ピカピカの青空。新年を迎えて、まっさらになったような街の様子を眺めるのは、とても気持ちがいいものでした。富士山もバッチリ！

この辺りから記憶がなくなって、目覚めたら新大阪でした。在来線に乗り換えると、これまた満員。スーツケースとお土産のお菓子を入れた紙袋を持った私は、入り口からちょっと奥に入った座席と座席の間に立っておりました。

次の駅に着く前に、「ああ、降りる人多いんだろうな。一度ホームに出たほうがいいのかな？」「でもこの荷物持って移動するのは大変だしな」と思って、駅に着いたら人が通れるようにちょっと脇によけて待つことに。

すると、ある男性が通りながら「ジャマなんだよな」と小声で一言。

「そうだよね、やっぱりホームまで出ればよかった」と反省。

でも……。もし、反対の立場だったとしたら、そういう人がいれば、「ああ、荷物を持って移動するのがきっと大変なのよね」と慮《おもんぱか》れる人になりたいなあと思うのです。

誰かが言い間違いをしたとき、いちいちそれを正すのではなく、「今ちょっと勘違いしているだけなのよね」と聞き流せる人になりたい。

待ち合わせに遅刻してくる人に対してイライラするのではなく、「子どもたちを学校に送り出してから来るから、朝は大忙しなんだろうな」と想像できる人になりたい。

つまり、「優しさ」は「正しさ」に勝るということ。

いつも正しいことをするのがエライわけじゃない。時には間違えていても、あえてそちらを選ぶ。そんな優しさもあるなあと思います。そして、「正しさ」よりも「優しさ」を選ぶことは、強くなくちゃできない……。

優しいことは、強いこと。

今年は、そんな優しさを大切にしたいと思います。

1月 8日

暮らしのダウンサイジング大作戦！

毎年この時期は、1か月かけてゆっくり大掃除をします。というより、普段しない小掃除に着手するといった具合。

そして、掃除より前に取りかかるのが、1年かけてついた贅肉を落とすこと！　家中の物を見直して、間引いたり、処分したり、フリマに出したり。洋服、器、本、ストック食品、書類などなど……。

最近、自分のスキルと時間と体力とやる気に見合った物の量で暮らしたいなあと、思うようになりました。きっと今までは「暮らす」ということよりも、「新しい物に出会う」ことのワクワク感のほうが勝っていたのだと思います。

でも、たくさんモノを買ってきたけれど、大事なのは「その後」なんじゃなかろうか？と遅ればせながら気づいた……。自分のスキル以上の物を持っていると、家の中に「吹きだまり」ができてきます。

まったく使わないのにそこにある。
↓
それがあるせいでほかのスペースが狭くなる。
↓
出し入れしにくいから、つい面倒で突っ込む。
↓
空気が動かない吹きだまりになる。

この「吹きだまり」をなくして、さっぱりすっきり暮らしたい。隅々まで、自分の目と手が届く暮らしがしたい。

これが「物を減らす」ってことの本来の意味なのね、とこの時期になってやっとわかってきました。みんながいろんなところで「物を減らそう！」と言っているけれど、「自分ごと」にならないと、その意味を本当に理解することはできません。

きっと私は今、少し荷物を降ろしてラクして暮らしたくなっているのだと思います。たくさん物を持つ体力と気力がなくなってきた。あれこれ何かを得るよりも、暮らしの風通しをよくして、好きな本を一冊持ってソファに座り、ゆっくり読む時間のほうが大事になってきた。たかが「物の整理」ですが、人生のある時期にカチリと当てはまってこそ「よし！」とスイッチが入るのだと思います。

とは言っても、まだまだ家の中には物がいっぱい！　昨日はまずは洋服の整理に取りかかりました。とりあえず寝室の押し入れの中とハンガーラックにある服の中からいらない物を間引きます。

急がずゆっくり、「暮らしのダウンサイジング大作戦」を続けたいと思っています。

1月 9日

時間はループで管理すべし

今日はスペシャルに寒い朝でした。
ウォーキングに出かけると、ものすごい風！　思わずめげそうになりますが、紫からオレンジ色へと明けてくる空と、澄んだ空気の中で凛と立つ木々を見上げると、厳しい寒さゆえに、心がじゃぶじゃぶ洗われるようで、清々しい気持ちになります。

さて、私は時間の使い方が大層下手です。今日はこの原稿を書いて、あのアポを入れて、靴を磨いて、あの人にお礼状を出そうと思っても、実際にはその半分もできません。

今年の隠れテーマは「分析」としたので（今までは、できないものはしょうがないと、振り返ることが大の苦手でしたが、そろそろちゃんと「どうしてできない？」と分析してみようと思い……）、時間の使い方について振り返ってみました。

たとえば、10時までに原稿を1本仕上げようと決める。でも、パソコンの前に座って、ハッと気づいたらまだ何も書き始めていないのに、

「あれ、もう9時？」なんてことがしょっちゅう。

だったら何をしていたのかというと……。

メールをチェックしたり、返事を書くためにスケジュールを確認したり、「あ！　まだこのコンテ書いてなかった」と急いで送ったり。

そう。「原稿以前」がてんこ盛り！

そっか、7時から10時までの3時間で原稿を1本仕上げようと思ったら、丸ごと3時間を執筆に使えるようにしなくちゃできないんだ、とわかってきました。

ということは、前の晩にメールチェックを済ませておかないといけない、ということです。きちんとスケジュール管理しようと思ったら、「その時間」の前と後が大事。「その時間」を有効に使うためには、「その前」にやるべきことをやり終えていないとダメ。

仕事以外でも、たとえば30分で掃除を済ませようと思ったら、テーブルの上の片づけから始めていたら、すぐに10分、15分が過ぎてしまいます。

寝る前に片づけておけば、掃除が30分で済む……。

つまり「時間」というものは、「ループ」で管理しなくちゃダメだと、遅ればせながらわかってきました。

一日の流れを見直して、スムーズなループを生み出せるよう、これから考えてみるつもりです。

1月13日

醤油麹とヨーグルトを作ってみた

発酵マイスター、笠井孝子さんの「麹で作る調味料」というワークショップに参加してきました。みんなで塩麹と醤油麹を作った後に、笠井さん手作りのお弁当をいただくというもの。塩麹や醤油麹を使ったおかずは、どれもおいしかったな〜。

で、買っちゃいました！　そのときすすめられたヨーグルトメーカー。私は毎朝豆乳ヨーグルトを食べるので、家で作れたらいいなあとずっと気になっていたのでした。

教えていただいたタニカ電器のヨーグルトメーカーは、ガラス製の保存びんがついていて、作ったらそのまま冷蔵庫で保存できるのがいいところ。ジャバジャバ洗えば、清潔に保つことができるのも気に入りました。

家でさっそく塩麹と醤油麹を仕込んでみることに。

まずは塩麹作り。麹に水を加えて、温度と時間を設定して、スイッチを押すだけ。

結果は、ちょっと水分が多くてしゃばしゃばに……。塩の量が多かったのか、発酵時間が足りなかったのか、しょっぱすぎました。う〜む、これはちょうどいいさじ加減を見つけるのが難しそう。

一方、醤油麹はもっと簡単で、市販の麹を保存びんに入れて、醤油をひたひたまで注ぎ、３〜４日置くだけ。だんだん香ばしくて甘い麹の香りがしてきます。

できあがった醤油麹を使っていつもの炒め物を作ってみたら、おいしいこと！　醤油の代わりに入れるのですが、コクがあって、ただのキャベツの炒め物も、豚バラともやしの炒め物も、ワンランク上の味になります。

そして、やってみて出した私の結論は……手間のかかる塩麹は、やっぱり市販のものを買う。簡単でおいしくできる醤油麹は家で作る、ということでした。

ヨーグルト作りもうまくいって、こちらのほうが収穫だったかも。最初は豆乳に市販の豆乳ヨーグルトを大さじ４ぐらい加えて作ってみました。うまくいったのですが、これを続けていくには問題が……。

市販の豆乳ヨーグルトは４００ｇのパックでしか売っておらず、ヨーグルトの「種子」として使うには大きすぎるのです。そこで１１２ｇの「明治プロビオヨーグルトＲ－１」を使ってみることに。スーパーで1リットルの豆乳と「Ｒ－１」を1カップ買ってきたらバッチリでした。

私は、いつも時間に追いかけられる生活をしているので、「一発で結果が出ることしかやりたくない！」と思ってきました。でも、うまくいかなくて、ちょっと方法を変えてやり直して、という試行錯誤の時間を味わえる人になりたいなあと思います。

一年の始まりの「発酵調味料教室」は、時間をかけて暮らしを発酵させることも教えてくれました。

1月 17日

あの人とご飯を食べに行って、新たな自分になる

1月は「仕事が本格始動して、バタバタしないうちに会おうか？」というお誘いが増えます。今週はふたつの食事会に。

そんな中、会う人会う人が、同じようなことを言い出すから不思議……。それは、「マイナス」だと思っていることが、決して「悪いこと」とは限らない、ということでした。

ひとつめの食事会は、かつて「ホロスコープリーディング」（占星術）を一緒に受けた仲間と先生と。先生曰く、もしこれからちょっとつらいこと、心揺れることが起こる星回りだとしても、それは、「本当の自分」になるために必要なことだと。

私は牡牛座で、「安定」を求める星回りです。ちょっとでも「安定」が揺らぐとビビって不安でたまらなくなる。だからビビリンボなんだ、と原因がわかったらなんだか安心しました。

そして、ビビって不安になったら、そこから学んでまた自分の「本分」に戻ればいいと教えていただき、なるほどと思ったのです。

ふたつめの食事会は、とある伸び盛りの会社の方々と。

「今は会社がどんどん成長しているけれど、もし下降線になったら、と考えると怖くないですか？」と聞いてみました。すると――

「私は会社が衰退することが、ある意味楽しみなんです」とその方。

思わず「え～っ！」と店中に響き渡る声をあげてしまいました。

「ずっと上り調子でいけたらいいけれど、そうはいかない。だったら、衰退しても私は幸せでいられるってことを証明したい」と。

これには、たまげました。なんて、深い言葉なんでしょう！

人は、みんな成長し続けるわけじゃない。歳もとるし、肌は老化するし、成長はいつか止まるし、上ったら必ず下りがやってくる。

でも、「落ちていく」ことが「悪」ではないはず。そこに、どんな「幸せ」を見つけられるか、私もすごく知りたい！と思いました。


昨日は、髪の毛を切りに行ってヘアサロンの担当者と。

お正月に実家に帰った話から、年老いた両親の話に。するとその方が、「死を、もう少し前向きにとらえられるようになったらいいのにね」と。「死は絶望なんかじゃなく、またきっと会えるから、またねって思えたらいいのにね」と。

どの人も、当たり前のようにある「善」と「悪」、「プラス」と「マイナス」の線引きを変えようとしていました。

「マイナス」の中にも、明るさやワクワクやハッピーを見つけられれば、今までとらわれてきた価値観をくるりとひっくり返して、新しい力を手にできるかもしれない。

いろんな人に会って話を聞くことは大事だなあと改めて思いました。自分一人では考えも及ばなかった「視点」が、胸の中に育ち始めた気がします。

1月23日

洗い残しを なかったことに してくれる 2本のブラシ

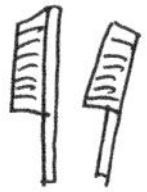

先日ペンキを買いに東急ハンズに行ったついでに、ブラシを2本買ってきました。

最近、ブラシを使わない生活をしていた私。雑菌がたまりやすいので、トイレブラシも処分し、マイクロファイバークロスで家中すべてを掃除することにしていました。

でも……。

たまたまいただいたブラシを使ってお風呂の目地をこすってみたら、細かい目地の汚れが、驚くほど簡単に取れてびっくり！　道具の力を改めて思い知ったのでした。

私は大雑把人間なので、隅々まで丁寧に……ということができません。それで、どういうことになるかというと、洗い残し、磨き残しが積み重なる。それを「なかったこと」にしてくれるはず、と買ったのが、この「かゆいところに手が届く」ブラシというわけです。

ひとつは、山型にカットされたブラシ。山型の先端を使えば、細かい箇所の汚れを掻き出すことができます。もうひとつは、３６０度ぐるりと毛がついた円柱型ブラシ。筒などの内側を洗うことができます。たとえば、毎日お茶やコーヒーを入れておく「サーモス」の保温ポットのフタのパッキンのところ。スポンジでサッと洗っただけでは、茶渋やコーヒーの色が残ってしまいます。

今までは、がまんできなくなったときに漂白していたのですが、できれば洗って落としたい。そこで、この山型ブラシの出番です。パッキンの溝に山型の先端を当ててシュシュッとこすると、こびりついていた汚れが気持ちいいように落ちる落ちる！　さっぱり水で流した後の気持ちよさといったら！

お風呂の入り口のサッシの隙間や、排水口ネットの網目などにも、汚れがたまりがちですが、これらもすぐにきれいになります。

もうひとつの円柱型ブラシは、洗面所などの排水管の汚れを落とすのに便利。取っ手に微妙な角度がついていて、ブラシを突っ込んでぐるぐる回すと、排水管の内側にこびりついていた水垢や黒い汚れをごっそり落としてくれます。

なんとなく毎日気になっていたところの汚れが、時間も手間もかけずにきれいになる。ブラシの力ってすごい！と見直すこの頃です。

1月24日

りんご2個でジャムを煮る

銅のジャム鍋をいただきました。

料理研究家の小堀紀代美さんが監修され、ＮＨＫ出版から発売されているものです。ジャム作りというとなんだか面倒そうで気が重くなるけれど、この鍋は本当に小さいので、りんご２個、いちご１パックで、ちょこっとジャムを煮るのに最適です。

私は文旦《ぶんたん》のジャムが大好きで、毎年２月か３月の文旦の季節に、一年分の大量のジャムを煮ます。それでも、やっぱり年末になるとなくなって、何かでジャムを煮ようかなあと思いつつ市販のものを買っておりました。

鍋をいただいたのが、ちょうどその「ジャム切れ」の時期だったので、これはいい！とさっそく使ってみました。

紅玉２個にぴったり。今回は、正統派のグラニュー糖で作りました。

私はどんなジャムでも、砂糖は果物の重さの60％で作ります。果物を感じるジャムが好きなので、りんごの形が残るようにちょっと大きめに切って、煮くずれないうちに火を止めます。最後にレモン汁を加えて。コトコト煮ることたった15分で、たちまち完成。銅は熱伝導がいいので、火にかけるとすぐにブクブク泡立って、弱火にするといい感じに火が回ります。

めちゃくちゃおいしくできました。これをトーストにてんこ盛りにのせていただきます。

ジャムは文旦以外いらない！と思い込んでいましたが、このりんごジャムがおいしくてあっという間に食べてしまい、何度もリピートしています。今度はいちごジャムも作ってみようかなあ。

大量に作ろうと思うと億劫になります。りんご2個、いちご1パック、夏みかん1個でいい。

夕飯の洗い物をしながら、コーヒーを淹れながら。小さなジャム鍋は、暮らしの隙間で作る「ちょこっとジャム時間」のお楽しみを教えてくれました。

りんごジャム

材料……紅玉２個、グラニュー糖２００g（紅玉２個の重さの60％）、レモン汁大さじ２

作り方…りんごは皮をむき、12等分くらいに切る。鍋にりんごとグラニュー糖を入れ、火にかける。煮立ってきたら弱火で15分ほど煮て火を止め、レモン汁を加える

1月29日

「緻密」ということ

先日買ったヒヤシンス。

「茎がぐんぐん伸びて、頭の重さでぐにゃりと曲がってしまったら、切り戻して首まで水につけておけば、またピンと背筋を伸ばしますから」とお店のお姉さんに教えてもらいました。

その横でブーケを作っていたオーナーが、「つぼみをぜ〜んぶ、咲かせてね」とおっしゃいました。

そうか、ヒヤシンスって、つぼみが全部咲くんだ！

そのとき初めて、この花の構造に目が行ったのでした。

私はこういうことがとても苦手。ヒヤシンスを見つめて、つぼみをひとつひとつ確かめる……なんて細やかなことを滅多にしません。自分が緻密でない、ということを事あるごとに思い知り、ハッとします。

昨日取材に行ったとき、指先ぐらいの小さなびんに小手鞠《こでまり》の花が生けてあるのを見つけました。伸びやかな枝に、たわわに花をつける小手鞠。散って、枯れていく中で、残った花だけを切り取り、小びんにさして、最後の最後まで楽しむ――そんな姿を見て、わが身を反省。私は、ポロポロと小さな花びらが散り始めたら、部屋中に散らばるので、とっとと処分してしまっていたのでした。お恥ずかしい……。

小説を読んでいても、主人公が何に出会い、何を発見し、どう成長していったかということに最大の興味があるので、その背景に流れている歴史はすっ飛ばして読んでいたりします。本当は、主人公の生き様と、歴史の流れが二重奏を奏でてこそ、読み応えがあるというのに。

ああ、もう少し緻密になりたい。そうすれば、人生が厚みを増し、知的にいろんなことを楽しめるのに……と思います。

でも、本来が大雑把人間なので、すぐ元に戻ってしまう。失敗したり、繊細なものの見方を知ったりするたびに自分にげんなりします。

今の私にできる唯一のことは、ハッとするたびに「緻密」という在り方を思い出し、自分の襟を正すということだけ。

ヒヤシンスのつぼみが開く、ということを知ってから、水を替えるたびに、その姿が変化していくことが楽しみになりました。

2月 5日

「お金がないと不安な人」から抜け出すために

ここしばらく、パソコンの前に座って原稿を書く日々が続いています。そんな中、気分転換をするために使っているのが「香り」です。

仕事部屋には、アロマディフューザーで、オレンジ、レモングラス、ローズマリーなどさわやか系の精油を。

居間や玄関では、セージを焚いたり、白檀《びゃくだん》のお香を。

最近ちょっと挑戦しているのが、ふたつのお香を掛け合わせること。これは、ご夫婦で「東京香堂」というお香のブランドを立ち上げたペレス千夏子さんに教えていただいた方法です。

「空間で調香する」という方法で、違う香りのお香を組み合わせて焚くと、空間で香りがハーモニーを奏でて新たな香りを生み出し、まったく違う楽しみ方ができるのだとか。ふたつのお香を置く距離を調整し、強弱をつけると香りが変わってくるそうです。

私は、香りはひとつに統一しなくちゃいけないと思い込んでいたので、これは大発見でした。

千夏子さんのご主人、フランス人のジョフレさんは、香りの都と呼ばれるフランス、グラース出身の方。千夏子さんはいつもジョフレさんに「急がないで」「ゆっくりね」と言われるそうです。「彼の住んでいた街は豊かな自然に囲まれていて、そこに暮らす人々は本当に質素で欲張らず、日常の小さなことに感謝を捧げているんです」と千夏子さん。

私はフリーライターになってから、「稼がなくちゃ」とずっと焦ってきたなあと思います。離婚をして、いきなり一人で生きていくことになったので、家賃６万円のワンルームマンションに住み、家具が買えなかったから、実家からもらってきたこたつをデスクにし、段ボールを並べて本棚代わりにし、もらったピンクのカーテンは、掃き出し窓の３分の２の長さしかなかった（笑）。

まあ、それはそれなりにおままごとみたいで楽しかったのですが、働いて仕事が少し増えたときに、吉祥寺の駅前の家具屋さんで、デスクとチェストとロッカーみたいな棚を買って部屋に並べたときは、それはそれはうれしかったものです。

仕事をし、お金を稼ぎ、好きな物を買う。そんな当たり前のことを「自分の力」でできたということが、すごくうれしかったのだと思います。

それから、ずっと一生懸命仕事をしてきました。いい物は自分で買って使ってみなくちゃわからない。「経験をお金で買う」という意識もあったと思います。

でも、ふと気づいたら、「お金がないと不安な人」になっていた。

もちろん生活するにはお金が必要で、それがないと不安になるのは当たり前なのですが、「そこ」が中心でいいのだろうか。

これから先、人生の終盤にあたって、私は消費の一歩外に出て幸せになれるだろうか。

今はまだその答えはわかりません。でも、外側にもうひとつの幸せを見つけるつもりで、これから視野を大きく広げながら歩いてみたいと思うこの頃です。

2月 7日

世の中には、「すぐにはわからないもの」がある

三寒四温。

昔の人は、自然の現象を本当に的確に、そして美しい言葉で語ったのだなあと、この時期にこの言葉を使うたびに思います。

春は花を買うのが楽しみ。普段は白い花を中心に買うのですが、この時期だけは、いろいろな色の花を買いたくなります。

昨日は打ち合わせに出かけた後にチューリップとアネモネを買って帰りました。

フラワースタイリストの平井かずみさんに、球根付きの植物の愛らしさを教えてもらってから、店先で見つけると、思わず連れて帰るようになりました。球根付きのチューリップは、従来のものよりずいぶん小さなサイズ。4〜5本をまとめて、球根も眺められるように、透明なガラスびんに生けます。

先日、神戸六甲のギャラリー「モリス」さんで、「モリスの隠れヒット商品なんですよ」と教えていただいたのが、ガラスの花どめです。これがあると、大きな器に水を張り、中央にちょこんと花を生けるこ

とができ、なかなか愛らしい風景になります。あっちこっちへと伸びやかに茎を伸ばすアネモネは、これを使うと上手にバランスよく生けることができます。

さて。季節の花といえば、『暮らしのおへそ』で以前取材させていただいたエッセイストの森下典子さんは、大の椿《つばき》好き。ご自宅からお茶の先生のお宅まで通う道沿いに、さまざまな種類の椿があるそうで、「あっちの崖の上にはね」と歩きながら椿談義をしてくださいました。

そして印象的なこの言葉。

「季節はバックスクリーンに流れる『風景』ではありません」

この時期になったらあそこにあの花が咲く。あの時期には、今度はこっちのこの花が咲く。それに気づくことができる自分になるということ。それが、お茶のお稽古を続けるということ。

10年以上前に、森下さんのご著書で映画化もされた『日日是好日《にちにちこれこうじつ》』をむさぼり読んだワタクシ。そこには、森下さんが月日をかけて「お茶」をわかっていくプロセスが綴られていました。

あのとき、真剣にお茶をやってみたいと思いました。「ああ、こんなことが見えて、聞こえるようになるんだ……」と。

残念ながら先生が見つからず、思いは現実にはならなかったけれど、あの本を書いた方に年月を経てお目にかかることができるなんて、本当に幸せな体験でした。

世の中には、「すぐにわかるもの」と「すぐにはわからないもの」の2種類がある。

若い頃は「すぐにわかるもの」ばかりが欲しかったけれど、人生後半は「すぐにはわからないもの」を大事に手繰り寄せていけたらいいなあと思います。

2月 11日

2つ残ったコロッケをおいしく食べる方法

昨夜は、夫が出張だったので一人飯。夕方から打ち合わせがあって帰りが遅くなったし、作るの面倒だなあと、冷蔵庫&冷凍庫の残り物で済ませることにしました。

冷凍庫に、ちょうど残り物のコロッケが２個ありました。揚げ物って、コロッケ２個とか春巻き２本とか、あまりがちなのです。

でも、残りの揚げ物はいつも上手に解凍できず、チンしてベチャッとなったりして、おいしく食べられませんでした。そこで昨日は徹底検索。ネットで調べてみました。すると、今さらですが、よさそうなやり方を発見！

まずは、フライパンに油をチョイ多めに入れ、ガス台にのせたら、冷たいうちからコロッケを投入。そして、ごく弱火でゆっくり揚げ焼きにするだけ。ジワジワ中まで火が通り、外はカリッ！　中はホクッ！に仕上がるというわけ。

付け合わせは、発酵料理の先生に教えてもらった残り野菜の塩麹漬け。キャベツやかぶなど、冷蔵庫にある野菜をザクザク刻んで塩麹を振りかけておくだけで、すご〜くおいしいサラダになります。

　そして、最近はまっているのが醬油麹を使った炒め物。とくにれんこんとなすの組み合わせがおいしい！　なすは今、季節外ですが、ちょびっとだけ入れます。

　れんこんとなすを炒めて、醬油麹とみりんで味つけをします。これが最高で、いいとなると何度でもリピートするワタクシは、3日に1度は作っています。

れんこんとなすの醬油麹炒め

材料……れんこん15㎝ぐらい、なす3本、醬油麹大さじ2、みりん大さじ1

作り方…れんこんは皮をむいて拍子木切りにする。なすは縦4等分に切る。
　フライパンに油をひいてれんこんを炒め、透明になってきたらなすを入れて炒める。醬油麹、みりんを加え、全体に絡めるように炒め合わせる。

2月14日

猫背筋は体の前にある

ライター塾に来てくださった和多由里さんが、近所でパーソナルトレーニングジムを営んでいらっしゃることを知り、通い始めて2か月近く。先日トレーニングに行ったとき、肩の前の部分を「猫背筋」と呼ぶことを教えてもらいました。

「イチダさんは、ここが硬いんですよね」って。

猫背って背中のことなのに、その原因は、体の前の筋肉にあるのです。つまり猫背を治すには、肩のちょっと内側にある筋肉をやわらかくする必要があるということ。

仰向けに寝転がって右脚を左脚の上に交差させ、体をねじって左に向けながら、右手は右へ伸ばします。すると、猫背筋が痛いのなんの！　これを毎日繰り返し、ちょっとずつやわらかくしていく。「イテテテ」と言いながら、今、毎朝続けています。

世の中には、見えていないことがたくさんあるんだなあと、自分の体の中の新発見をするたびに思います。

50年以上生きてきて、自分の「猫背筋」が硬いってことすら知らなかった。それを知って、動かして、やわらかくして、自分の体が変わっていくことがおもしろい。

若い頃は、自分の外側にある「知らないこと」を知ることに夢中だったけれど、今は、自分の中にある「知らないこと」を掘り起こすことが、楽しいなあと思うようになりました。

毎日生活している中にも、「見えていないこと」がいっぱいあります。

自分の体は、何を食べたらどんなふうに変わるのか？

毎日どれぐらい甘いものを食べているのか？

といった体のことから始まって、

日々どれぐらいお金を使っているのか？

毎日当たり前にやっているこの家事や仕事に、どれぐらい時間がかかっているのか？

そんな足元にある「見えていないこと」にスポットライトを当てて、ひとつひとつ向き合っていくと、何かが変わっていく気がします。

2月 20日

水とお湯で バシャバシャ 温冷洗顔

最近、母に教えてもらった温冷洗顔というものを試しています。

というのも、いつの時期からだったか、実家に帰って76歳になる母の顔を見ると、なんだか以前よりきれいになっているのです。キメが細かくなって、透明感があるみたい！

「なんか、やったん？」と聞くと、にやにやしながら教えてくれたのが、水と温水で交互に顔を洗うという方法でした。

まずは、石鹸で顔を洗って汚れを落としてから、最後に水と温水を交互に5回ぐらいバシャバシャやるだけ。母曰く、肌の新陳代謝がよくなるのだとか。さっそく私も真似してみることにしました。

先日、とあるヘアメイクアップアーティストの方にインタビューをしました。そのとき教えてもらったのが、化粧水や乳液を塗るときは「肌に意識を向けて、丁寧に肌に触れる」ということ。化粧水をつけたら、ゆっくり手で顔を包み込むようにして、浸透させるのだとか。

私はいつもスプレータイプの化粧水をシュシュッとふりかけるだけ

で、肌に触れてもいなかった！　大いに反省し、シュシュッとやってから、手で奥へ奥へと入れ込むように、肌に触れるようになりました。

すると、最初はサラッとしたつけ心地だった化粧水が、だんだんもっちり、しっとりに変わってくるから不思議。最近はこの方法がすっかり気に入って、肌のケアに励んでいます。

2月28日

プラスの眼鏡をかけて歩く

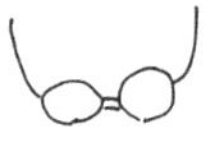

人と出会ったとき、「プラスの眼鏡」をかけている人と、「マイナスの眼鏡」をかけている人がいるように思います。

私は、今までずっと「マイナスの眼鏡」をかけていました。自分にバリアを張って、人を信頼するのに時間がかかります。

実はプライドが高くて頑固者。人のいいところをなかなか認めることができません。つい、批判の目＝マイナスの眼鏡で見ることから始めてしまうのです。

それはきっと、私が負けず嫌いだから。人のいいところを認めてしまうと、自分が負けたような気がするから……。だから、なんやかんやと理由をつけて、マイナスポイントを探してしまう。

「あの人、あんなに人気者だけど、ここがちょっとね」とか、「あの人の作ったもの、そんなにいいかな？」とか。きゃ～！　なんて嫌なやつでしょう！

もちろん心からすごい！と思える人に出会うと、素直にそれを認めて、すぐに真似をしてみる「まねしんぼ」になりますが、誰でもというわけにはいきません。

でも……。

最近出会ったある方と話していると、まわりにいる人の「いいとこ探し」がとても上手なのです。「あの人のここ、素敵だったよね〜」「こんなところがいいところだよね〜」って。「プラスの眼鏡」をかけて人と接すると、すぐに誰とでも仲良くなって心を通わせ、「一緒に何かやってみる？」と新しい動きが始まるのだそう。

そこで、私もちょっと真似をして「プラスの眼鏡」を借りてかけてみました。

出会った人の中から「プラスポイント」を見つけてそこにフォーカスしてみる。たったそれだけのことなのに、相手に対する印象が、ガラリと変わって驚きました。その人のいいところがあれこれと、いもづる式に出てきたのです。

よく考えてみれば、誰でも丸ごとすごい！と言えることはなかなかないのかもしれません。みんな、いいところも持っているし、悪いところも持っている。両方持っているなら、いいところにピントを合わせて見ればいいだけなのかも。

誰かと会ったとき、「いいな」「こんなところがすばらしいな」と思うところを探して、「いいですね〜！」って声に出すと、自分自身の姿勢まで変わってくるから不思議です。相手を優しい目で見ることができるようになってくる。そして、つまらないプライドを手放して、素直に「すごいね〜」と言えるようになってくる。

頭であれこれ考えるより、まずは「いいね」と言ってみるとうまくいくように思います。

こうして、互いの「いいとこ」同士が共鳴して、いい関係が始まっていく。これは「プラスの眼鏡」をかけなきゃソン！　キュキュッとレンズを磨いて、これからは「プラスの眼鏡」をかけて歩きたいなあと思います。

3月 5日

ものを見る目をストレッチ

街を歩くと沈丁花《じんちょうげ》のいい香りが漂う季節となりました。世の中はいろいろ大変だけど、白木蓮《はくもくれん》の真っ白な花は今年もちゃんと開き、確かなものがここにある、と教えてくれているような気がします。

私は『暮らしのおへそ』（主婦と生活社）別冊の打ち合わせと取材が始まり、普段はあまり読まないジャンルの本を読んでいます。昨日読み終わったのは、美容ライター長田杏奈さんの『美容は自尊心の筋トレ』（Pヴァイン）という一冊。その中で出会ったのが、「美のアーカイブを広げる」と「審美眼をストレッチする」というふたつの言葉でした。

人は、「これが美しい」と思うものの傾向が似通ってくるもの。ナチュラル志向の人はほっこりとした世界を。ロックな世界が好きな人はとんがった世界を、といった具合に。

でも、自分のストライクゾーンの外側にあるものへ視線を広げてみたら、審美眼がストレッチされて、「あれも、なかなかいいじゃない」「こっちも、おもしろそうじゃない」とアンテナの振れ幅を広げることができるのだとか。

これって「美」以外にも、いろんなことに言えるんじゃないかと思います。

「私の掃除の仕方はこれ」と決め込まないで、ちょっと別の方法も試してみる。

「私はネイビー、グレー、白の服しか着ない」と頑なにならないで、ちょっとピンクのストールを手に取ってみる。

「シンプルなリトグラフが好きだから印象派の絵画はさっぱりわからない」とあきらめないで、いろんなアートを見に行ってみる。

そんなことを考えていたところに、たまたまいただいたのが、ピラミッド型の洗濯用品でした。

タオルメーカーの「伊織」さんが出している「iori friendly」（伊織オリジナルマグちゃん）です。高純度のマグネシウムが入っていて、洗濯機に放り込めばアルカリイオン水を生成し、洗剤なしで洗濯できるというもの。

実はこのことは、以前、料理家の根本きこちゃんが使っているのを見て知っていたのですが、自分で使うまでには至らなかったのでした。今回は、さっそく使ってみることにしました。

説明書によれば、アルカリイオン水は非常に高い洗浄力があり、皮脂汚れの分解率は洗剤と同様で、臭いの分解率は約10倍。洗濯槽のカビ汚れまで落とすのだとか。

実際にはどうなのか、しばらく使って実験してみようと思います。

「いつも」の自分の外側にあるものを、見るだけ、知るだけ、聞くだけ、使ってみるだけでも、自分の心や体や経験がストレッチされて、ものの見え方が変わってくる。そう思うと、なんだか世界がぐんと広がるような気がします。

3月11日

モーニングルーティンの更新を

YouTubeで「モーニングルーティン」というコンテンツが流行っているということを知ったのは、ごく最近のことです。検索してみると、いろんな人が朝のルーティンを紹介していておもしろい。ということで、動画ではないけれど、ワタクシのモーニングルーティンをご紹介してみます。

5時頃起床。這うようにしてバスルームまで行ってお風呂に入ります。半身浴20分ぐらい。その流れでお風呂掃除を。

髪の毛を乾かしている間、キッチンでお湯を沸かします。前の晩に分解して洗って乾かしておいたポットにお茶を淹れます。もうひとつのポットには、夫が起きたらコーヒーを淹れてくれます。

わが家の朝のキッチンには、いろいろなものが乾かしてあります。ブルーの古い鍋は、キッチンクロスやふきんを煮沸した後に乾かしておいたもの。ブラシ、スポンジ、たわしもすべて吊るして乾かして。
排水口のトラップも洗って乾かしてあるので、これらをすべて元の位置にセットします。

まずは鉄びんで沸かした白湯を飲んで。洗濯機を回している間にストレッチ＆筋トレをします。
筋トレメニューは次の通り。
寝転がって足を抱え込みながら上半身を起こす　10回
ひねりながら上半身を起こす　10回
まっすぐに寝てから、ゆっくり体を起こしてまた寝る　10回
肩甲骨を伸ばすストレッチ
肩甲骨回し
スクワット　30回

前の晩に拭いて机の上に並べ、乾かしておいた食器を食器棚にしま

います。

仕事部屋のアロマディフューザーをキッチンまで運び、残っている水を捨て、新しい水を入れてから好きなアロマを２〜３滴。柑橘系の香りが好きなので、レモングラスやオレンジの香りを選びます。

マグカップに熱いお茶を注ぎ、それを持ってパソコンの前に。ラジコを立ち上げ、月曜日〜木曜日はＦＭのＪ－Ｗａｖｅを。週末は好きなラジオ番組がないのでｉＴｕｎｅｓで音楽を流して。ブログを書き始めます。


もちろん、忙しい日はストレッチをパスしたり、お茶を淹れる暇もなくバタバタ出かけたりすることも。でも、一連のこの流れを踏むと、スムーズに一日が始まる気がします。

このルーティンに落ち着くまで、随分いろんなことを試しました。朝イチに掃除をしていたこともあるし、かなり長い間、朝ウォーキングを続けていたけれど、今は筋トレになりました。

やめたこともあるし、きっとこの先また誰かの習慣を真似して、新しいことを始めることもあるかと思います。

そうやって、常に更新し続けることが、暮らしの楽しさだなあと思うのです。

3月13日

「いつも」の外に一歩出る

今日は、日帰り出張です。

7時25分羽田発の飛行機に乗ろうと思うと、6時半ぐらいには空港に到着しておきたいから、5時40分吉祥寺発のリムジンバスに乗ります。4時に起きて、家を出るのは5時15分ぐらい。冬なら真っ暗ですが、だんだん日の出が早くなり、今はうっすらと空が白んでくる時間帯です。

眠くて、「あ〜、つらい」と思いながらも、このうっすらと紫色から赤へと変わっていく朝焼けの空を眺めると、毎回「早朝の出張っていいなあ」と思います。


その昔、『暮らしのおへそ』の別冊で「おへその旅」という一冊を作ったことがあります。その中で「出かけなくてもできる旅」として、自分が住む街を「いつもとは違う時間に歩いてみる」という提案をしました。いつも通っている駅前も、こんな早朝だとまったく違う風景に見えるから不思議です。

以前、為末大さんにインタビューをさせていただいたとき、「今の人生の横に、もう一本別の道がある、ということに気づけば、生きるのがラクになる」とおっしゃっていたことを思い出しました。

「いつも」から出てみると、昨夜まで「絶対こうじゃなくちゃ」と思っていたことも、違った視点から見られるようになっている自分に気づきます。

いつもの毎日を一歩離れるというのは、いいものだなあと思います。

3月18日

「託す」ことで自分を変える

石川直樹さんの本『極北へ』（毎日新聞出版）を読もうと思ったのは、ラジオのＪ－Ｗａｖｅで語っていらしたことが心に残ったからでした。お名前は知っていたし、写真家で、文章も書いていらっしゃるぐらいの知識はあったけれど、著作を読むのは初めてでした。

辺境から都市まで、世界各地を旅しながら、写真を発表している石川さん。この本は、カナダ、アラスカなど、北極圏とその周辺地域「極北」の旅について綴ったエッセイです。

20歳のときに初めて登頂したアラスカのデナリ山が石川さんの原点。どうして、危険な思いをしてまで山に登るのか？　厳しく、美しい自然と、たった一人で向き合ったときに石川さんが見たもの、感じたことが、本当に瑞々しいすばらしい言葉で綴られています。

この中にとても印象的なページがあります。

大学に入ったばかりの頃、雑誌『SWITCH』の星野道夫さんの追悼特集号のページをめくるうちに、「いてもたってもいられなくなり、ぼくの頭の中にはアラスカの原野に吹く風やユーコンの大いなる流れが渦巻きはじめた」そうです。そして、ユーコン川下りをやり遂げようと決意。

たった一人で、折りたたみカヌーを背中に担いで、キャンプ用具を目一杯詰め込んだバックパックを持って現地へ。これが大学1年生の行動だなんて、信じられません。

川辺でカヌーを組み立てて滑り出す、その瞬間の描写がもう、本当にすばらしいのです。

「こんなカヌーで本当にユーコンを下れるのだろうか……と先のことが急に不安になり、恐ろしくなっていく。ぼくはたった一人で川を下ろうとしているのだ。沈没しても、熊に出会っても誰も助けてくれる人はいない。意を決してパドルを河岸に押しつけると、カヌーが無言で水面を漂いはじめた。

(中略)

そのとき、何かがふっきれた。これから川の上での生活は、すべて自分の行動にゆだねられている。自分は自由だ、と感じた。二十歳そこそこの若者が考える自由なんてたかが知れているのだが、このときは本当にすべてから解放された気分だった」

まったく人気のない大自然の中に一人佇み、これから先、どうなるのかもわからない。そんな中で、カヌーに乗り込み、パドルで河岸をひと押しすれば、確かな岸辺を離れて川を進み出す……。その一瞬のどんなに怖かったことか。想像するだけで心が震えてくるようです。でも、「えいっ」とその「ひと押し」さえしてしまえば、その後に圧倒的な「自由」が訪れる。

石川さんの感じた「自由」と「解放感」が、ひしひしと伝わってきて、ああ、いいなあ、私もそんな「自由」を味わってみたいなあと、しみじみうらやましくなったのでした。

私はユーコンまでは出かけることはできないけれど、もしかしたら、これから進んでいく先に「ユーコン的なもの」に出会うことはあるかもしれません。まだやったことがないこと。知らない世界。

努力や意志で自分を変えることはなかなか難しい。それよりも、「その環境」に自分を放り込んでみたら、不安や、ジタバタや、摩擦が自然に起こって、それと背中合わせにある「まだ見ぬ世界」への扉が開かれるのかもしれません。

3月20日

時間を数字で管理する練習を

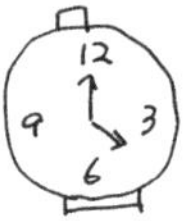

今日は春分の日。朝、明るくなるのが随分早くなりました。東京では桜の花がちらほら咲き始めました。

新型コロナウイルスで不安定な世の中だけれど、ちゃんと花は咲くのですね。そう思ったら、東日本大震災復興支援ソングの「花は咲く」のメロディが聞こえてくるようでした。

理解はしていたつもりだったけれど、わが身になって初めて、世の中でどんなことが起こっても「花が咲く」ということの意味が、すとんと腹に落ちた気がしました。本当に「わかる」ってこういうことなのだなあと、そして、わかっているつもりでわかっていないことってたくさんあるのだなあと改めて感じます。

マスクをして、取材に出かけたり、原稿を書いたりという日々を送っています。そんな中でいつも思うのは、私って時間の使い方が本当に下手だなあということ。

午前中は頭が冴えているので、サッサカ仕事がはかどります。問題は昼ご飯を食べた後。とたんに、どんよりとしてテレビを見たり、いつの間にかソファで寝落ちしたり。ハッと気づくと夕方で、自堕落な自分が後ろめたくて……の繰り返し。

切羽詰まっているとテキパキモードになるのですが、ちょっと余裕があると、ついダラダラモードに陥っています。

う〜ん、なんとかしたい！

そこで、自分の状態を数値化してみることにしました。つまり、毎日何に何時間使うのが理想なのかを書き出してみるってこと。

6時半〜11時半　仕事　5時間
11時半〜14時半　昼ご飯&掃除、休憩　3時間
14時半〜17時半　仕事もしくは自分の時間　3時間
17時半〜20時半　買い物&晩ご飯　3時間
20時半〜22時半　自分の時間　2時間

たったこれだけなのですが、「そっか、昼ご飯の後は3時間しかな

いんだ」というふうに具体的に時間が見えると意識が変わります。よし、じゃあ昼寝を30分、ずっと後回しにしていた食器棚の掃除に30分。あとの2時間は本を読もうかな、というふうに「配分」ができることに気づきました。

今日はそんなに頑張らなくても大丈夫と思ったら、この3時間を「じゃあ、『科捜研の女』と『相棒』を見ちゃおうかな」と、あえてダラダラモードに使ったってOK。

要するに、「なんとなく過ぎちゃった」をやめて、使える時間を数字で把握し、主体的に時間を過ごせば後ろめたさはなくなるわけです。

それでも時間の使い方って本当に難しい……。1本の原稿を2時間で書き上げようと思っていたのに、4時間かかることもあります。でも、「どうせ時間通りにいかないから」と思っていると、どんどん時間に追いかけられることに。予定通りにはいかないけれど、だいたいの予測を立てておくことは必要です。

まだまだ修業中。時間の使い方、練習していこうと思います。

3月 25日

衣替えしながら物を減らさなくちゃと考える

そろそろ衣替えの季節。天気のいい日に少しずつ、厚手のセーターから「しまい洗い」を始めています。

「しまい洗い」は、「Daja（ダジャ）」の板倉直子さんに教えてもらった方法。一見きれいに見えるものでも、衣替えの際には、もう一度洗ってからしまいます。

わが家では、カシミアでもウールでもネットに入れて洗濯機で洗っています。必要なのは、洗濯ネットとウール&カシミアシャンプー。気をつけることは、洗濯ネットにセーターを入れて洗濯機を回し始めたら、一度フタを開けて、水の中にセーターをグイッと押し込むこと。洗濯機でセーターを洗い、洗い終わったと思って取り出したら、「あれ？　なんだか全然濡れていない気がする……」。何度かこの経験を繰り返し、「もしかして洗濯槽の中で、セーターがプカプカ浮いている状態なのかも？」という仮説を立てて、グイッと押し込むようになりました。

洗濯が終わったら順番に干していきます。本当は、ニット類は吊るさないで板などにのせて乾かすのが正解なのですが、そんな場所もないので、いつもハンガーなどに吊るして乾かします。

毎回衣替えをするたびに、洋服の多さにげんなり……。まだまだ厳選できていないなあと反省します。

本当に気に入るものだけが並んだすっきりクロゼットにしたいと思うものの、まだまだぎゅうぎゅう詰め。ということは、まだまだ選ぶ目が確立できていないということ。いる、いらないの境目を明確にできる「目」を育てるのが、これからの課題です。

衣替えは、そんな練習にうってつけ。洗濯して取り込んだら、「この冬一度も着なかったもの」や「1～2回しか着なかったもの」をチェックします。そして「もうきっと着ないだろう」と思うものを、「とりあえずボックス」へ入れます。すぐに処分する決心はつかないので、少し「寝かせて」おくというわけ。

2シーズン続けて「とりあえずボックス」へ入れるようだったら、

そこで処分の仕方を考えます。

高かったんだけど、ちょっと厚手すぎて、デイリーには着なかったよな〜。ちょっとカジュアルすぎて、私には似合わないかな〜。この時期、いろんなことを考えます。ここできちんと「お勉強」しておくのが、物を増やさないコツ。

来期、ついまた「目」で欲しくなったとき、自分で考えて分析したポイントが頭に入っていると、「そうそう、厚手すぎるとあんまり着ないんだった」と思い出して、手を出さなくなります。

インプットのためにあれこれ買って着るを経験した後は、「本当に必要な物は何？」という引き算の時代がやってきます。

仕事も人間関係も、いろんな物を思い切って手放して少しの量にしてこそ、「幸せ」というピントがス〜ッと結ばれるような気がしています。

庭の花を少し切って生けると、部屋にその季節ならではの風景が広がる。これはクリスマスローズ。

スーパーに青梅が出回る季節になると梅シロップを作る。大きなびんに梅と氷砂糖を交互に詰め、4～5日置くだけ。シロップをお湯で割ってからゼラチンかアガーを振り入れ、冷蔵庫で冷やすと梅ゼリーに。プラムやブルーベリーと一緒に盛りつけて、梅シロップを少しかけるとさわやかな味わい。

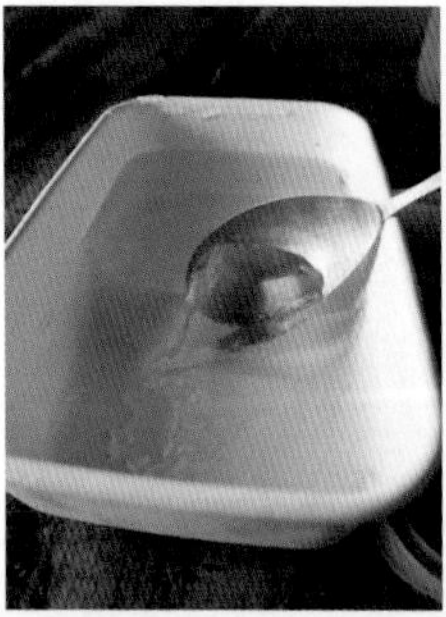

料理家の小堀紀代美さんが監修し、NHK出版から発売された銅のジャム鍋を使ってジャム作り。小さめの鍋なら、りんご2個、いちご1パック程度の量のジャムを手軽に作ることができる。グラニュー糖は果物の60%、さらにレモン汁を加えて。

右は排水口など筒の中を360度回しながら洗うブラシ。左は毛先が山型にカットされたブラシ。
タイルの目地など細かい部分を洗うときに利用する。

浴室の天井近くに突っ張り棒を取り付け、お風呂のフタを吊るして乾かす。
キッチンではお茶やコーヒー用のポット、ふきん洗いに使う青い鍋、スポンジやたわしもカラッと乾かす。

排水口トラップと排水口のかごはヌメヌメになりがち。寝る前に外して洗って乾かしておく。

わが家の朝の風景。夜洗って拭いた食器は、朝まで食卓の上に並べて乾かしてから、食器棚にしまう。

紫キャベツと新玉ねぎのマリネ。塩でもんでから、酢、サラダ油、蜂蜜を４対２対１で混ぜ、和えるだけ。

葉物野菜は、買ってきたまま袋に入れておくのではなく、水につけてパリッとさせてから、キッチンペーパーを敷いた密閉容器に入れておくと長持ちする。

夏野菜のピクルス。パプリカ、かぶ、きゅうりなどを、砂糖、酢、水を２対１対１で和える。

自分で炊いたあんは、ほどよい甘さでスペシャルなおいしさ。白玉団子をのせてミニぜんざいに。

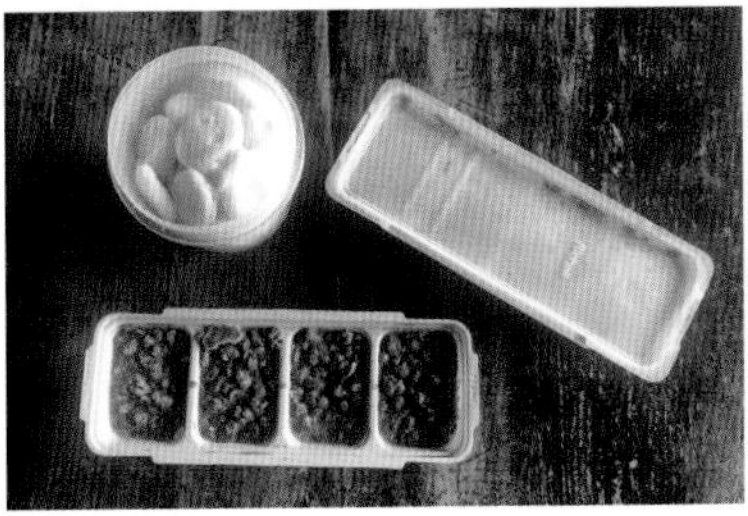

あずきであんを炊いたら、小分けにして冷凍。白玉団子もバットに並べて冷凍。凍ったら密閉容器に。

初めての人に取材を依頼するときには手紙を書く。これは「伊東屋」のレターセット。

紫花豆はふっくらとしておいしい。水に１晩つけた後、１時間ほどコトコト炊く。小分けにして冷凍し、サラダやスープに。

「POKETLE」の水筒は120㎖。
コップ1杯分のサイズがいい。

「マーナ」の歯ブラシホルダーは、
吸盤で鏡にくっつく。

蚊取り線香入れは、「エコンフォートハウス」で。小泉誠さんデザイン。

分別用のゴミ箱は、夫の提案で四角いタイプをチョイス。隙間ができず、ホコリやゴミがたまらない。

朝は果物だけ。昼に朝食のような昼食を食べる。大好きな「ON THE DISH」のパンと豆乳味噌スープを。

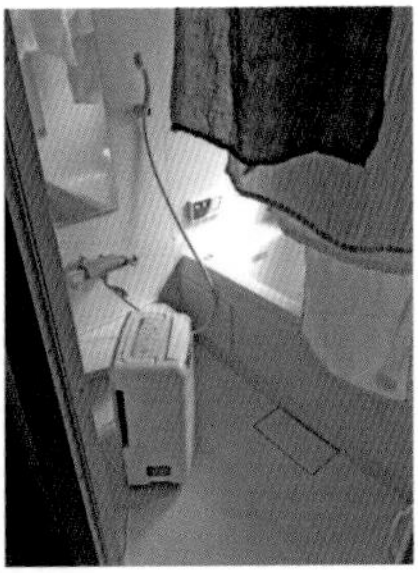

梅雨時に洗濯物が乾かない日には、バスルームに衣類乾燥機をセット。突っ張り棒に洗濯物をかけておくとパリッと乾く。

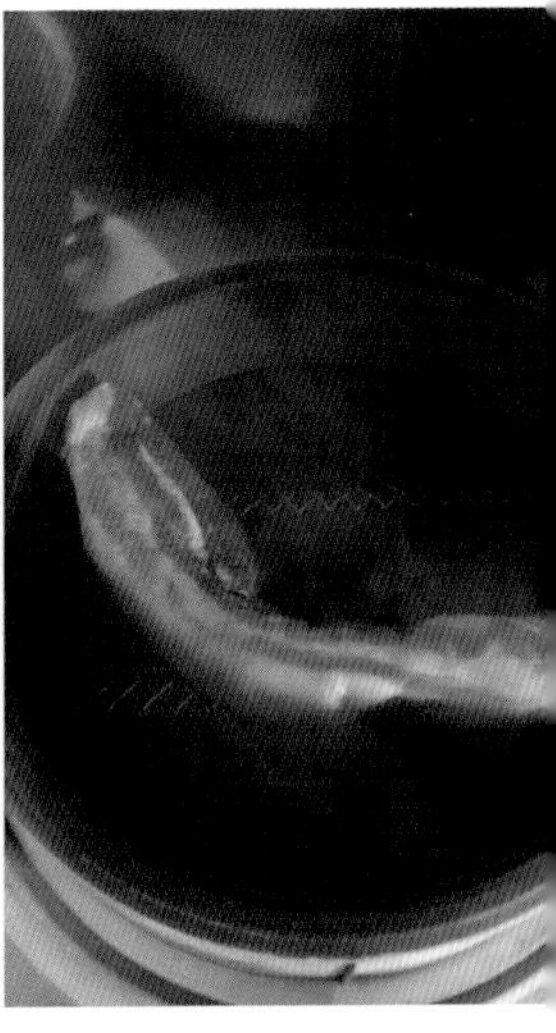

豚バラ肉をスモークし、「なんちゃってベーコン」を手作り。

「無印良品」のアロマディフューザーで、レモングラス、オレンジなどの柑橘系の香りをたく。

庭のミントを花びんにさすと、水を取り換えるたびにいい香り。気分転換にはハーブティを。

夏のおしゃれは大ぶりのブレスレットで。手前右は「samulo」、左は「カフェカフェマーケット」で。

雨の日には、「ヘンリーアンドヘンリー」のレースアップシューズ型ラバーシューズを。「ユニクロ」のパーカーを持ち歩くと不意の雨でも安心。

いただいたブルーベリーの枝を飾って。伸びやかな枝ぶりをそのまま生かす。２段に重ねた鉄のお膳は内田鋼一作。

左上は「レクタングル」で。右上はあけび。中央はタイで買ったもの。下は山ぶどうのかご。

水垢汚れは、クエン酸で落とす。排水口にフタをしてお湯をため、クエン酸を入れ、水切りかごなどを浸ける。キッチンペーパーでパックも。

振り返ることが苦手。見たこと、聞いたことが蓄積できるよう「振り返り用」ノートをつくった。

なかなか好みのものがなくて、やっと見つけた鍋つかみは「ダルトン」のもの。

枕は天気がよければ毎日干す。

ハンディタイプのホコリ取りは、黒のモフモフをチョイス。

キッチンで使うスポンジやたわし類は、濡れていると雑菌が繁殖するので、洗濯物用のピンチハンガーに吊るして乾かす。

オートミールにナッツ、小麦粉、オリーブオイル、メープルシロップを加えてグラノーラを。

いちじくは白ワインときび砂糖、レモンを加えてさっと煮てコンポートに。ヨーグルトのお供に。

夜、ついダラダラと見てしまうテレビを消し、ソファサイドにランプを灯して読書タイムを。

朝起きたら、ヨガマットを敷いて毎日ストレッチ＆筋トレを。肩凝りがなくなる。

夜お風呂のフタの上にノートを広げ、一日を振り返る。慌ただしく通り過ぎる時間を意識して積み重ねる。

掃除が終わったとき、ちょっと気分を変えたいときは、ホワイトセージを焚く。場が浄化されるようで、清々しい。

「仕事ばかりしている自分」を抜け出したくて、最近買ったばかりの電子ピアノ。これから練習開始。

ほぼ日の伊藤まさこさんのネットショップ「weeksdays」で売られていた白いリュックを購入。

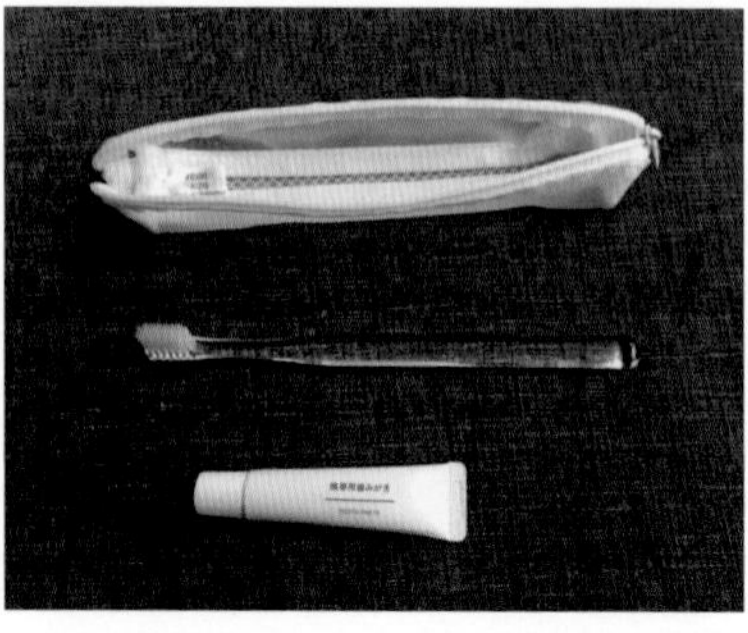

ずっと携帯用の歯ブラシ入れを探していて、やっと「無印良品」で発見。通気性がよく清潔に保てる。

一念発起して納戸代わりの押し入れの中を整理。100円ショップのケースを並べてアイテムごとに分類。マスキングテープでラベルを貼った。

チェストの中には、「無印良品」のボックスを組み込んで、薬や裁縫道具などを放り込む収納に。「中までは細かく整理しない」と決めればラク。細々したものはジッパー付き袋に。

出張で早朝に出かける日、朝焼けを眺めると、「いつも」の外側にこんなにも美しい景色があることに改めて驚く。

フラワースタイリストの平井かずみさんがプレゼントしてくれた赤い実のリース。いつものディスプレイコーナーの壁にかけて。クリスマスにもお正月にも部屋を彩ってくれる。

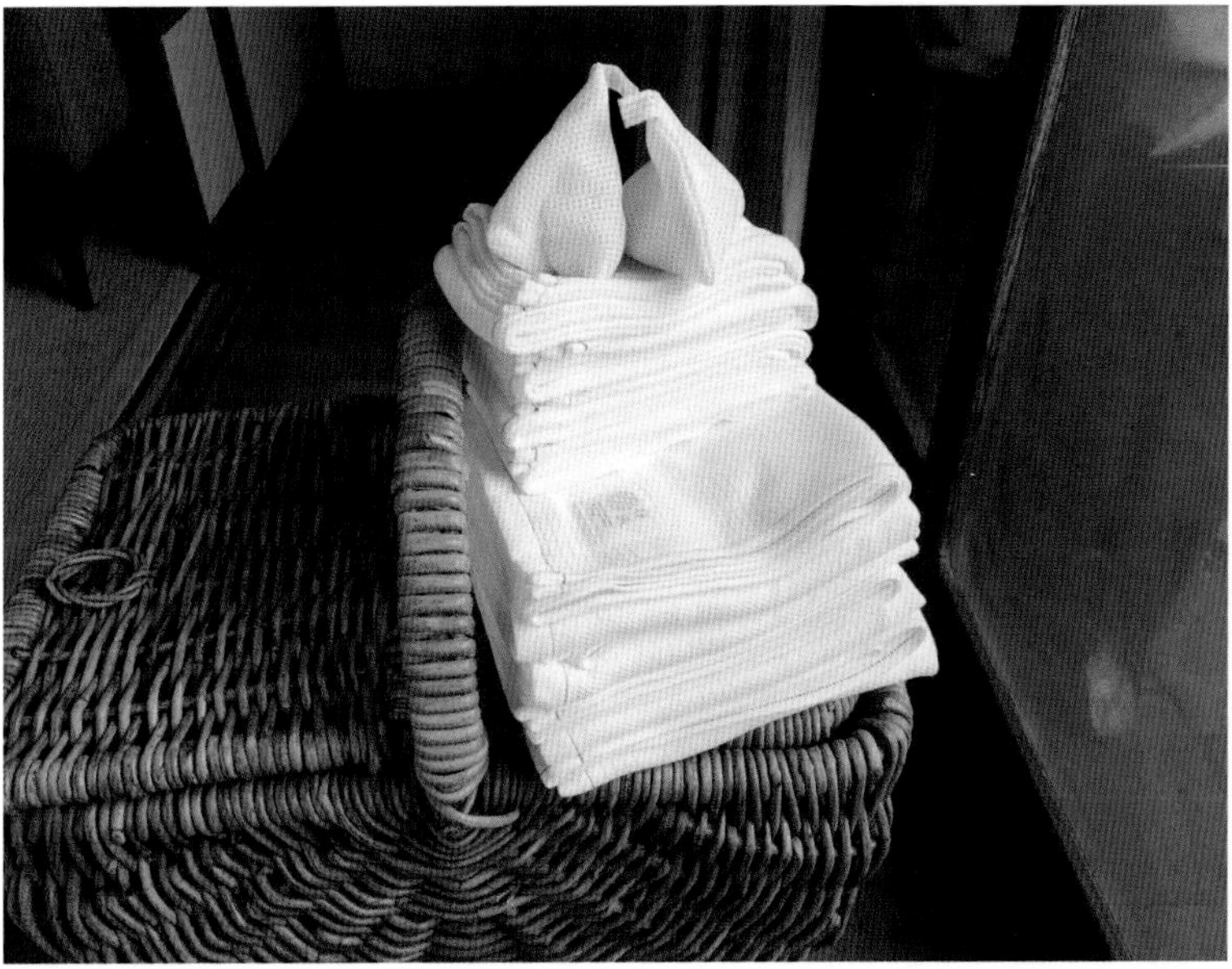

毎年一年のはじめに、バスタオル、フェイスタオルを「せーの！」ですべて新しいものに取り替える。

どんな素敵な家具や雑貨より、窓から差し込む光が、暮らしを豊かにしてくれると思う。

春がやってきた

4〜6月

4月　2日

白玉ぜんざいを食べながら思考を広げる

今日の東京は快晴です。庭の白い山吹《やまぶき》が咲いているのを見て、夫が一言。

「自然はすごいのお〜」

たしかにその通り！

このところ、家に籠もって原稿を書いています。家にずっといると食べることだけが楽しみに。あんこを煮て、白玉団子を作って冷凍を。数個ずつ解凍すれば、あっという間におやつタイム！　自分で炊いたあんこはしみじみとおいしいのです。

あずき1袋（３００ｇ）に水３カップを入れて40〜50分コトコト炊き、時々差し水をして、やわらかくなったらグラニュー糖２５０ｇを入れて５分ほど煮たら完成です。

最近読んでいる本は、『自分で「始めた」女たち』（海と月社）。う〜ん、いいタイトルだなあ。ニューヨークでビジネスを営んでいる女性たちのインタビュー集です。

最初は、エッセイでもないし一問一答なんておもしろくないかなあと思ったのですが、読み始めると、短いからこその言葉の力にグイグイ引き込まれました。

自分でビジネスを始めて得た最大の教訓は？

「『勝者とは、立ち上がった敗者である』。これに尽きるわ」

「本当の自分であること。成功するためには自分を変えなきゃなんて思わないこと」

自信をなくしたり逆境に陥ったときの立ち直り法は？

「いつも最後は、忘れがちな真実を自分に言い聞かせてる。たとえ失敗して、この会社が成功しなくても、私は大丈夫って」

職業も状況も違うけれど、短い一言だからこそ、自分に当てはめて考えやすい。たとえ会社を経営していなくても、この言葉の中に含まれる真実は本当にその通りだなあと、その一言から想像力を広げ、考えるヒントになります。

自宅に居ながらにして、本やインターネットで誰かの言葉に触れて思考を大きく広げられるって幸せだなあと、白玉団子を食べながら思いました。

4月13日

もっと単純に、もっとシンプルに

ここしばらくは毎日うちでご飯が続いています。だんだん同じもののループになってきて、「え〜っと、今まで私はどんなご飯作ってきたんだっけ？」と思い出してみたり。

そんな中、まとめて作り置けるものは、やっぱり便利。作り置きをするなら、時間が経って味が落ちるものではなく、じわじわおいしくなるものがいいなと思います。

紫キャベツの甘酢マリネはそのひとつ。

紫キャベツをざく切りにして、新玉ねぎをスライスして、塩少々をふって水気をよく絞り、酢、サラダ油、蜂蜜を、4対2対1の割合で混ぜたもので和えて、塩こしょうで味をととのえるだけ。簡単だけど、ちょっと甘い味がおいしくておすすめです。

まだ肌寒いけれど、衣替えの続きを。今年の冬ほとんど着なかった服を「間引き」しました。

私は洋服を減らすのがとても苦手です。器は「もう使わない」ときっぱり手放せるのに、洋服はなかなかできない。でも、毎年買い足すのでどんどん増えて、クローゼット代わりの押し入れはパンパンに。

そんなとき、少し前に取材でお会いした方の一言を思い出しました。

「いるか、いらないかの判断は、『今』を起点にするんです」

なるほど！「今」この服を着るかどうか。その一点だけで判断すれば、「あ、いらない」とジャッジできそう。

迷うのは、「いつか着るかもしれない」とか「これ、いいブランドなんだよな」とあれこれ考えてしまうから。そんな思考回路を「今」という視点でスパッと切る！

今日出かけるときに、このセーターは着るかな？

明日のコーデに、このパンツを選ぶかな？

そう考えると、「う〜ん、このセーター、首回りの空きがちょっと違うんだよな。そこだけなんだけど、やっぱり着ないよな」と判断できます。そして、これって今のこの状況にもつながっているなと考えたのでした。

今まで私は、まわりの状況とか条件とか、効果とか結果とか、あれこれ考えすぎて、動けないことがたくさんありました。でも物事って、私が思っている以上に単純でシンプルなんじゃなかろうかって。

午後7時になったら医療従事者のために拍手をする。

ロックダウンをしたら飲食店のために家賃を払う。

そんな海外での動きって、モタモタしている日本と比べてとてもシンプルだなあと思うのです。

本当に大切なことって、実は今、目の前にあることなんだ。だったらゴチャゴチャ考えないで、「そこ」へストレートにアプローチしよう。

危険があるなら家に籠もり、困った人がいれば声をかけ、やってみたいことがあればやってみる。

自分の「今」の声に耳を澄まそうと考えながら、この週末、せっせと服を減らしたのでありました。

4月23日

今あるもので作る 今できることをやる

朝、明るくなるのがぐんぐんと早くなってきました。

以前は薄暗い中でお風呂に入っていたのに、今はキラキラ光る朝日がバスルームに一筋差し込んで、それだけで幸せな気持ちになります。

この頃食材は大地の宅配と、スーパーへ週に1〜2回行くだけにしています。そうなると、ご飯の作り方ががらりと変わりました。

以前は、買いだめがあまり好きではなかったこともあり、その日食べたいものを考えて必要なものを買って作る、という順番でした。それが今では、苦手な「家であるもので作る」というパターンに。

やればできるものですね。思った以上に苦もなく、毎日昼頃に「今日の晩ご飯は何にしようかなあ」と考えて、冷凍庫から肉や魚を取り出しておく、というのが新たな習慣になりました。

そして、このおかずにはこれとあれがなくちゃ、と完璧さを求めるのもヤメ。なければないで作ってみる。するとちゃんとできあがり、そこそこおいしい。なんだ、大丈夫じゃん、とにんまりしております。

先日作ったりんごのコンポートもそう。いつも作るときは、りんごと一緒に輪切りにした柚子《ゆず》を加えていました。砂糖だけで煮るとフニャフニャになってしまうので、柑橘でペクチンをプラスして、ねっとり仕上げるというわけ。

でも、柚子を買いに行けません（もっともこの時期はもう柚子はあまり見かけないし、あっても高いのですが）。そこで、レモンでやってみた！　実は以前も柚子がなくてレモン汁を加えてみたのですが、イマイチうまくいかなかったのです。で、今回は汁だけじゃなくて、「全部」加えてみることに。

無農薬のレモンではなかったので、皮をむいて中身だけを8つにカット。りんご4個に対して、小さめだったのでレモン2個。ここにグラニュー糖½カップと水を¾カップぐらい加えて、20分ぐらい煮れば完成です。

これが大成功！　レモンの酸味が効いて、しかもねっとりと仕上がり、おいしいコンポートになりました。

今あるもので作る。

これって、今できることをやる、ということとつながっているなあと思いました。

5月1日

押し入れ片づけDAY

今日から5月です。

新緑が美しく、風が気持ちいい。外には出かけられないけれど、庭に出ればクレマチスが咲き始め、空を見上げれば、ふ～っと深呼吸したくなります。

午後からは、夫と二人で片づけタイム。わが家の中で一番混沌としている押し入れを、意を決して片づけました。

ずっと以前にホームセンターで板を買ってきて、押し入れの中に横板を渡して棚を設置。がらんとしていた押し入れの中を3段になるように仕切りました。その際にきちんと整理したのに、どんどん物を突っ込んで、奥には何が入っているのやら。まずは、ぜ～んぶ出して、「いる」「いらない」に分けました。

ほとんど引っ越し状態……。

押し入れは奥行きが深いので、「ひと目ですべてを把握できる」という収納をキープするのが難しい。結局、普段の生活で機能するのは一番前の列だけだったりします。

そこで、「前列」と「奥」に分けて考えることにしました。前列は「今」使う物を。奥は、湯たんぽや蚊取り線香などの季節物、めったに使わないノコギリやペンキなどのＤＩＹ用品などを。使用頻度別に並べ直しました。

使ったボックスは、１００円ショップで買ったもの。幅25㎝、奥行き35㎝、深さ12㎝。実はこの小ささ、浅さがミソ。これ以上深さがあると、押し入れを開けたときに、ボックスの中が見えないからです。上から見下ろして、だいたい何が入っているかを把握でき、さらに奥の列も見通せる。そのためには、このサイズがぴったりです。

ボックスには、中に入っている物をマスキングテープに書いてペタリ。本当はテプラなどでラベルを作ればもっと「整然感」は出るのでしょうが、そこまでですると疲れちゃうので。

ラベルは「書かなくてもいいかも」と思ったけれど、やっぱり書いておいてよかった！と思うことがたびたびあります。

整理した直後は、どういう基準で分類したかわかっているのですが、時間が経つと、まったく覚えていません。え〜っと、ガムテープはここだけど、段ボールをまとめるひもはどこだっけ？といった具合。そんな自分のために、ざっとでも内容を書いて貼っておきます。

こうして格闘すること4時間ほど。やっとすっきり片づきました。

5月15日

今だけの時間を味わって

春を通り越して初夏がやってきたようで、半袖を引っ張り出してきました。

最近時間があるので、よく豆を煮ています。今日煮たのは大好きな白花豆《しろはなまめ》。一晩水につけておき、コトコト1時間ほど煮るだけ。これを煮汁ごと小分けにして冷凍しておき、スープに入れたり、サラダにトッピングしたり。肉を入れなくても、スープのコクがぐんとアップするし、サラダも食べごたえがあります。

朝、洗濯物を干しに庭に出たついでに、庭の花を切って小さく生けます。紫陽花《あじさい》のつぼみがふくらんできました。クレマチスはそろそろ終わり。ふたつを束ねてみると、「今日」という季節と、庭の景色がそのまま室内にあるよう。

これって、フラワースタイリストの平井かずみさんがよく言ってたな〜と思い出します。「花を生けるときは、外の季節をそのまま生かして」って。

外出しなくなったので、花屋さんに立ち寄ることもなくなり、庭の花を見つめ直している日々です。

晩ご飯前は、近所へ散歩に。
夕暮れの中、ゆっくり歩く時間は、以前のあくせくした毎日の中にはなかった習慣です。今はあちこちの家の庭にバラが咲いていて本当にきれい。
「わあ、あそこの平屋、素敵だね〜」などと、おうちウォッチングをするのも楽しい。毎日違う路地を見つけて歩いています。

帰ったら晩ご飯の準備を。先日洞爺湖《とうやこ》から届いた立派なごぼうを太めのささがきにして、牛肉と一緒に炊きました。コツは、先に鍋に水1カップ半ほどを入れ、牛肉を投入したら砂糖、醤油を加えて濃いめに味をつけ、一旦煮汁ごと取り出してから、同じ鍋でごぼうを炒め、煮汁だけを戻してごぼうをやわらかく煮て、最後に牛肉を戻すこと。

この順番さえ守れば、やわらかいお肉としっとりしたゴボウのおいしさで、ご飯がもりもり進みます。

これが、最近の私ののんびり生活。

これからどうなる？とちょっと不安はあるけれど、こうやって、朝は朝の楽しみを、夕方は夕方、夜は夜……と一日を味わって過ごせるようになったのは、よかったなあと思っています。

ごぼうと牛肉のしぐれ煮

材料……牛薄切り肉２００g、ごぼう2本、砂糖50g、醤油75ml

作り方…ごぼうはささがきにする。鍋に水を1カップ半入れて火にかけ、沸騰したら牛肉を入れる。アクをとって砂糖、醤油を加えて煮てから煮汁ごと取り出す。同じ鍋にサラダ油を入れてごぼうを炒め、牛肉の煮汁を戻してしんなりするまで煮る。牛肉を戻して強火でさっと煮る。

5月2日

「自分のために頑張る」以外にできることがある

ある日、テレビのスイッチを入れてぐんぐんと引き込まれて以来、NHK朝の連続テレビ小説「エール」にはまっています。昭和という激動の時代に、人々の心に寄り添う曲の数々を生み出した作曲家、古山裕一とその妻、音の物語。

どうしてはまったかというと、裕一の頑張りっぷりと、若い頃の「なんとか名の知れたライターになりたい！」と思っていた自分が重なったからかも。窪田正孝さん演じる裕一は、とにかく一流の音楽家になるんだ！と野心満々で頑張るのです。

今も私は、「どうしたら自分の本が売れるだろう？」「どうしたら、自分らしく生きられるだろう？」と、ひたすら自分のことを考え続けている気がします。でも去年あたりから、少しずつその方向性が変わってきていることを感じ始めていたのでした。

裕一は、早稲田の応援歌の作曲を頼まれたのに、まったく書くことができません。そんなとき、三浦貴大さん演じる応援部団長、田中がやってきて、自分の打ち明け話をします。野球部時代、幼なじみの清水君に怪我をさせてしまい、彼は学校を去り工場で働くようになった。しばらくして再会した時のこと。この後の田中の台詞に、私は思わずテレビの前で号泣したのです。

「『俺に何かできることはなかね？』と聞くと清水は言いました。『早稲田ば勝たしてくれや。それが一番の楽しみやけん』って。俺は、そん時気づいたとです。野球ば頑張っとる人のラジオば聞いて、頑張れる人がおる。頑張ることはつながるんやって」

この話を機に、裕一は応援歌を書き上げます。そしてこう語ります。

「僕……。ずっと自分を見てた。僕の頭ん中、僕でいっぱいだった」

そう、そうなのよ！と私も思わず心の中でささやいていました。ずっと頑張ることはいいことだと思ってきました。どんどん新しい自分に出会って、自分の伸び代を果てしなく伸ばしたい、と思ってきたのです。でも、ここ最近思うのでした。「それって、何のために？」と。早稲田の野球部が試合に勝ったら、それをラジオで聞いていたどこかの誰かが元気になる。ああ、なんてすばらしいんだろうと、久しぶりにテレビの前で心が震えました。

この朝ドラが私に伝えようとしていることはなんだろう？

私は「自分のために頑張る」という方向を、そろそろ変える時なのかもしれない。今まで目指してきた世界の後ろに、もうひとつの世界があるかもしれないと感じ始めている日々です。

5月24日

心が弱った日はどうする？

ここ数日、いろいろと凹むことが続き、一人ウジウジしたり、メソメソしたりしておりました。ようやくちょっぴり元気になってきたところです。いつも元気なワタクシですが、時々こんなことも起こります。せっかくなので、こんなときにしか書けないことを書こうと思います。

以前は、どうして私、こんなに弱いんだろう？とか、どうしてずっと引きずるんだろう？と自分を責めていましたが、ここ最近は、「落ち込む」ということは、もしかして宝物のような体験なんじゃなかろうか？と思うようになりました。

人は傲慢なもので、すべてがうまくいっているときは「立ち止まって考える」ということをしません。

でも、ガツンと何か悲しいことが起こったり、うまくいかないことに出会ったりして、「あ〜、どうして……」と落ち込むと、初めて自分の足元を見る。

もしかして、私は人のことを考えているつもりで、ちっともまわりの人の声を聞けていなかったんじゃなかろうか？

もしかして、頑張っているつもりだったけれど、頑張る方向がちょっとずれていたんじゃなかろうか？

自分の心が弱るということは、自分の小ささを思い知るということです。これが、普段はなかなかできない。

だから、凹んだり、落ち込んだりしたときは、元気でイケイケの自分の裏側にこっそり隠れていたもう一人の自分と出会い直すチャンスなのだと思います。

弱っていると、何気なく読んだ本の一文にものすごく感動したり、ふと耳にしたラジオの音楽に、ふ〜っと癒されたりします。きっと弱っているぶん、アンテナの感度が敏感になっているのだと思います。

普段なら通り過ぎたり見逃したりすることが、すっと入ってくる。そして「ああ、ありがたい」と思う。そんな経験もなかなかいいものだと思います。

いつも元気でいられたらいいけれど、そうじゃない日だってある。

だったら、「そうじゃない日」にしか見えないもの、聞けない音を、
見たり聞いたりしてみたいと思います。

さ、青空を見上げていこう！

5月2日

新しい時間の始まり

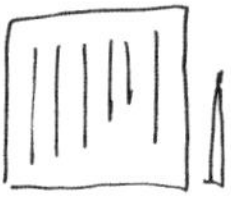

紫陽花が色づいてきました。

首都圏も非常事態宣言解除まで秒読み段階のようです。私もいろいろな仕事の準備が少しずつ始まっています。

久しぶりに、新たな仕事の始まりで、気分を引き締めるためにレターセットを通販で買いました。

取材依頼をするとき、まずはお手紙を書きます。レターセットって、たくさん種類があるようで、なかなか気に入ったものが見つからないのです。シンプルで、あんまり絵や柄がなくて、でもビジネスライクすぎない。そんなレターセット選びって難しい。

今回は、伊東屋さんのものとＭＩＤＯＲＩのものを買いました。伊東屋さんの便箋と封筒は、よくお店に行って買い求めていたのですが、今回ネットで見てみたら箱入りがあったので、こちらにしてみました。なんだかスペシャル感があって、手紙を書くひとときに背筋が伸びます。ＭＩＤＯＲＩの便箋と封筒は、「『やわらかさ』には理由があります」と手書きで書かれたシリーズ。初めて使うので、書いてみるのが楽しみです。

ずっと家にいて、ゆったりとした時間を過ごしていると、ちょっと仕事が始まっただけで、気持ちがザワザワします。ステイホームの日々でわかったことは、今まで私はいかに「立ち止まる」時間が短かったかということでした。

朝、ネットニュースをじっくり読む。そこから気になった本を調べてみる。そして、見つけたことをメモする。

夜は、夫と二人でキッチンに立って、あれこれ話しながらご飯を作る。夕飯後は、テレビを見ながらダラダラしてみる……などなど。

ああ、今まで私はやることを詰め込みすぎていたんだ、と改めて感じた日々。自分の心が「揺れる」時間をとれるように、何かを手放さないといけないのかもしれないなあと思い始めていたのでした。

また、日常が戻って来ようとしています。

いろんなことを考えたはずなのに、いつもの日々が戻ったら、あっという間にまた「以前」に戻って、ステイホームの日々の記憶は薄れていってしまうのかな。

家にいる日々は、とにかく「なんにもできない」時間でした。これから「できること」が解禁されるけれど、何を暮らしに「入れる」か、それをどうやって組み合わせ、再構築するのか、これから考えなくちゃと思っています。

今すぐできることとして、ひとつ思っているのは、今まで何度もやろうとして曖昧になっていた「明日でいいことは、今日やらない」をさらにブラッシュアップすること。

余裕がある日は、これができるのだけれど、切羽詰まって忙しさがマックスになってくると、どんどん前倒しをして、「あれもやっておこう」「これもしなくちゃ」と、「やるべきこと」を一日にパンパンに詰め込んでしまいます。

きっと忙しくなると、「明日でいいこと」と「今日じゃなくちゃダメなこと」を見分ける余裕もなくなっちゃうんだろうな。

人生は長い。仕事以外にも、ワクワクはまわりにいっぱいある。

せっかく、自分の「いつも」をちょっと高い位置から見ることができた数か月なので、大きな目を忘れないでいたいと思います。

6月2日

自分の心をバイアスにとらわれずに読む方法

少しずつ、日常が戻ってきました。仕事があれこれ動き出し、ずっとのんびりしていたのに、「やることリスト」が増えています。
「やることリスト」って、池に投げ込む石ころみたいだなあと思います。ステイホームでずっと家にいた間、時間の流れが緩やかでした。

そんな日々に、「やること」というたった1個の石ころを投げ込んだだけで、波紋がワワワワ〜ンと、暮らし全体に広がっていく。まだそんなに忙しくないはずなのに、突然、心がざわざわし始めて、いつもはじっくりパソコンに向かって原稿を書いていたのに、「早めに切り上げて、アレをやらなくちゃ」と思い始める。すると、どんどん時間に追いかけられている気がしてくる。

あれ？　私ってたったこれだけでこんなにアワアワするんだっけ？

今でさえこんな感じだから、2個目、3個目の石ころが投げ込まれたら、アワアワしまくりになるのかな？

いやいや、ちょっと待って！　もともとは、たった1個の石ころじゃん。ちょっとは落ち着こうよ。

自粛生活の経験から、そう自分に声をかけてあげたいな、と思うようになりました。

先日、たまたまメンタリストＤａｉＧｏさんのインタビュー記事を読みました。毎日必ず20分間の瞑想をされているのだとか。それは、自分の心から「バイアス」を取り除くため。

「バイアス」とは、「偏り」「かさ上げ」の要因となるもの、という意味です。私たちの心は、常になんらかの外的要因によって「バイアス」がかけられています。

たとえば、「急いでアレをやらなくちゃ」というストレス。「やらなくちゃ」と一旦思い始めると、一日すべてがそれに乗っ取られてしまいます。

そんな「バイアス」をほどくのが、「瞑想」という時間なのだとか。

つまり、「やらなくちゃいけないこと」はあるけれど、私の毎日には、「やらなくちゃいけないことをやる」以外の時間だってある、と気づくということです。

私が自宅で、「これやらなくちゃ」とイライラしている間にも、八ヶ岳の山の中にあるハーブショップ「蓼科《たてしな》ハーバルノート・シンプルズ」の庭では新緑の木々が風に揺れている……ということに思いを馳せるということ。

なるほど～！と思いました。

そこで、毎日のストレッチの最後に、ちょっと座って目をつぶってみることにしました。

日によって、10分だったり、5分だったり、2分だったり、時間はさまざま。旅で見たハワイの海や風を思い出してみたり、井の頭公園の大きな木々に囲まれた小道を思い出してみたり。そうやって、自分を一旦抜け出すだけで、ちょっと落ち着きます。

「何もやることがない」という日々も幸せだったけれど、「やらなくちゃいけないことがある」という毎日もきっと幸せなはず。

さあ、今日もお仕事頑張ります！

6月 5日

少しずつ夏支度

紫陽花がどんどん色濃くなり、昨日わが家では今年初めての蚊が出現！ さっそく蚊取り線香を出しました。

スリムでスタイリッシュな蚊遣《かや》りは、「エコンフォートハウス」さんで購入。小泉誠さんのデザインです。ちょっと高価なのでどうしようかなあと思ったのですが、夏の間は毎日目にするもの。エイッと買いました。夏の初めに出してくるたびに、「ああ、これにしてよかった」と思います。

5月はほとんど出かけなかったので、クロゼットを開けると、薄手の長袖がずらり。大好きなワンピース、シャツ、カットソー……。今年はこれ、着ないで季節が終わっちゃったなあと、なんだか寂しい気分になりました。そろそろクロゼット内を半袖仕様に変えなくては。

先日久しぶりに外に出ると、日差しの強さにびっくり。

「ああ、もう日傘が必要だなあ」「日焼け止め、塗らなくちゃ」と思ったのでした。

そこで、札幌の石鹸の専門店「サボンデシエスタ」さんのネットショップでお買い物。サンプロテクトローションとハンドフレッシュナーをゲットしました。

このサンプロテクト、化粧水をつけるように使える水溶性ジェル。つまり、日焼け止めによくあるベトつきがまったくないのです。プシュッと手に出してサラッと塗ったらすっきり。石鹸で落とせるのもうれしいところ。ほのかなローズゼラニウムの香りです。

ちょっと高価なので、最初はムムム……と思ったのですが、一度使うとその肌心地のよさに手放せなくなりました。

ハンドフレッシュナーは、除菌効果を最も発揮するといわれる72%以上のアルコールを配合。モミやオレンジ、ベルガモット、ユーカリ、ハッカなど、香りにも潤いにもこだわった除菌スプレーです。取材に伺った玄関先で、シュシュッと手にふりかけると、あたりにふわりといい香り。緊張感をふっとゆるめることができます。

そして、仕事バッグの中も夏支度。すぐ蚊に刺される私は、虫除けスプレーと虫刺されの薬が欠かせません。さらに、すぐに汗をかくので扇子も必須。あとは、夏用マスクをどうするか悩み中です。

家にじっとしていたときは、食材や鍋や雑巾が気になったけれど、ちょっと外に出るようになると、必要なものや、気になるものがまったく変わってきます。消費って、こうやってみんなの「必要」から生まれるんだなあと、自分の生活の中の「小さな経済」を実感しました。

6月7日

いつものスープに味噌をプラス

家で仕事をする日は、朝は眠くならないようにフルーツだけ。昼に、大好きなパンとスープという朝食みたいな昼食を食べます。最近、そのスープ作りに味噌を使うようになりました。

18cmのストウブの小さなオーバル鍋で、一人分のスープを作ります。必ず入れるのは、玉ねぎと、冷凍しておいたしめじと豆。豆は、白花豆やうずら豆などをまとめて炊いて、仕切り付きの冷凍容器で小分け冷凍しておきます。その1個分をポトンと鍋に放り込みます。あとは、その日冷蔵庫にある残り野菜をざくざく切って加え、カップ1杯の水を入れ、フタをしてコトコト煮るだけ。

野菜がやわらかくなったら、大さじ1杯ぐらいの味噌と豆乳を入れて沸騰寸前で火をとめて完成です。つまり味つけは味噌だけ。でも、ごく少量なので言われないと味噌だと気づかない絶妙な隠し味になり、コクがあっておいしいこと！

味噌を使い始めたのは、「味噌ドクター」こと医師の関由佳さんを取材したのがきっかけでした。

ご自身の体の不調をきっかけに、西洋医学の対症療法に限界を感じ、食生活を徹底的に見直したという関さん。仕事を一時休んで、ニューヨークの料理学校やインドのアーユルヴェーダの学校に留学。ニューヨークでは、まわりが「失敗したっていいじゃない。トライしたことが人生の経験になる」という人ばかり。インドでは「ひたすら何もしない」ことを学んだそう。そこで手に入れたのが「人生を不安がらない」という生き方でした。

帰国後は勤務医としての仕事をやめ、「味噌ドクター」として味噌を広める活動をされています。

私が「ああ、これ真似しよう！」と思うのは、「小さな暮らしの工夫」の先に、その人の生き方がつながっているときです。毎日スープに味噌を入れるのは、腸内環境を整えてくれるという体への作用はもちろん、関さんが新たに開けた扉を、私もいつか開けてみたいと思うから。

これからの仕事のことや老後の生活や、今の自分がコントロールできないことを不安がるより、いつものスープに味噌をひとさじ入れてみることのほうがずっと確か。

「ああ、おいしかった」と食べ終えて、さあ頑張ろうと思える。そんな確かさをひとつひとつ積み重ねていけば、きっと私は大丈夫、と信じられる気がします。

6月 9日

「終わった人」にならないために

先日ネットの記事で、『日経ウーマン』（日経ＢＰ）元編集長、麓幸子さんのお悩み相談のページを読みました。

お悩みは、50代に差しかかった女性のもの。そろそろ定年も見えてきて、今までのように頑張っても出世できるわけではなく、評価されるわけでもない。まわりを見渡しても、55歳以降で素敵にキラキラ輝いている人が見つからない。「私も『終わった人』になるしかないのでしょうか？」という一言に、「ああ、その気持ち、わかる〜」と思ったのでした。

自分の伸び代をぐんぐん伸ばしてきた20代、30代。何も知らず、わからなかったからこそ、無我夢中で「わかっていく」過程がおもしろかった。40代になると、少しずつ物事が見えてきて、やっと落ち着いたかなと思う50代になると、もう「終わり」が見えてくる……。

でも、今の時代、50代から先の人生がまだまだ長いのです。

麓さんはそんな状態を「停滞」と名付けていらっしゃいました。そしてアドバイスは、「会社にどう貢献していくかを考えるのは、いかがですか？」と。

これって一見、「え〜？　そんなことつまらないなあ」と思うかもしれないのですが、とっても深い一言だなあと思いました。

本音を言えば、私も含めて、人って「会社にどう貢献するか」にはあまり興味がないのではないでしょうか。それよりも「私が」どう仕事をするか、「私が」どう認められるか、「私が」どう生きがいを感じられるか、が大事。

でも、麓さんはこう書いていらっしゃいました。

「もう人からどう見られるかという呪縛から、自分を解放しませんか？」って。

そのうえで「感謝して、『お返しする』という視点を持つと、55歳以降にやるべきことが見えてくる」とアドバイスされていたのです。

なるほど！　思いもしなかった視点を教えてもらった気がしました。とはいえ「いやいや、私なんてまだまだ自分も完成できていないのに、お返しなんてできないですよ」と言いたくもなります。

でも……。

冷静に自分を見つめてみると、今までいろんな経験をしてきました。私なら、ライターとして駆け出しの時代があり、やみくもに体力勝負で働いた時期があり、自分で雑誌を立ち上げたり、そして「自分」を一歩出して本を書いたり……。

無我夢中でやってきただけだけれど、そこには何かを感じ、考え、上ってきた階段がある。

「お返しする」ということは、「自分は今、何を持っている？」と問い直してみること。

「いやいや、私が持っているものなんて、たいしたことないし……」と尻込みしたくもなりますが、もし、こんな拙い経験でも誰かの役に立つとしたら。

大事なのは、自分が持っているものの価値を、まずは自分が認めてあげることなんだろうなと思います。それは、50代じゃなくても、30代の人も40代の人もきっとできること。

料理をずっと続けてきたお母さんなら、料理のレシピやさりげない作り方のコツが。子育てであれこれ悩みを乗り越えてきた人なら、子どもへの寄り添い方が。会社員として働いてきた方なら、上司や部下との付き合い方、プレゼンの仕方などが。

自分で自分の持ち物を分析してみたら、それが新たな力になってくれるのかもしれません。

そんな「お返し」できるものを見つけるプロセスは、そのまま、自分を再構築するプロセスにもなるなあと感じています。

6月 11日

母から届いた実家の風景

母からＬＩＮＥでメッセージが届きました。最近やっと使いこなせるようになった模様。開いてみると、なんと動画付きではないですか！　「百合の花が１本残ったので、紫陽花に足してみました」とのメッセージ。

淡いピンクの百合と紫がかった紫陽花を組み合わせて花びんに生け、玄関に飾った様子をじ〜っと動かずに撮影したものでした。

「動画の意味ないやん」とつぶやきながらも、私は一気に時間や空間を超えて、実家の玄関に立っているような気分になりました。

きれい好きの母が、毎日モップをかけた玄関。靴箱の上にのせられたレース編み。その上のカットガラスの花びんの水は毎日きちんと替えられて。さらに視線を進めれば、廊下の先のガラス戸の向こうに、リビングでパソコンに向かう父の姿があり。母は姿は見えないけれど、キッチンでカチャカチャと音がする。

たった３秒の花の動画と共に、そんな実家の風景が圧倒的なリアリティで広がっていくようでした。

思えば、お正月以来実家に帰っていません。以前は出張のたびに宿代わりに利用するので、2か月に1度は泊まっていたのに。

私は実家の風景を見るのがとても好きです。きちんと風を通してから整えられたベッドルーム。洋服好きの父が、自分でアイロンをかけて木のハンガーに吊るしているシャツ。ベランダに並んだ観葉植物は、決しておしゃれとは言えないけれど、朝晩霧を吹き、シーズンごとに切り戻しているので、いつも生き生きとしています。ダイニングテーブルの上には、曜日ごとに分けられた父と母それぞれの薬箱。多くを語らなくても、そこには父と母の毎日があります。86歳と76歳。大きな変化もないけれど、ふたりで淡々とそれなりに幸せに過ごす日々。

そんなディテールを、私は東京の自宅に居ながら、ありありと思い出すことができます。

目や耳や鼻や肌で感じた実家の断片が、私の中には確かに蓄積されている。だとすれば、今の私の暮らしも、知らず知らずの間に、私の中に降り積もっているのかも。

何かを生み出さなくちゃ、意味のあることをしなくちゃ、と焦ってばかりいたけれど、確実にここにあるものを、しっかり感じることもいいなと、母が送ってきた動画を見つめながら考えました。

6月12日

ゴミ箱は丸じゃなくて四角がいいらしい

わが家に新しいゴミ箱がやってきました。

以前は、手前に扉を傾けて投げ入れる形の2段になったゴミ箱だったのですが、扉を支える軸が折れてしまって、使い物にならなくなってしまったのでした。

新しく買ったふたつは、プラスチック用と紙ゴミ用に。以前からあるびん缶用のゴミ箱を加え、ゴミ箱3つになりました。

私が住む武蔵野市では、燃やすゴミ、燃やさないゴミは有料です。有料のゴミ袋を買って出さなくてはいけません。それ以外の分別できるゴミは無料。そしてその分別が細かいのです。

ずらりとゴミ箱を並べなくてはいけないので、なるべく邪魔にならないように。でも、45リットルのゴミ袋がジャストフィットするように、奥行き25㎝というサイズを探しに探しました。さらに、壁の横幅にぴったり収まるように計算して。サイズで探すときは、やっぱりネット通販が便利。

実は私は「ブラバンシア」の円柱型のゴミ箱をふたつ買うつもりだ

ったのです。そうしたら掃除大臣の夫が「絶対、四角がいい！」と。

「どうして？」と聞くと、「円だったら、ふたつ並べた間や左右に隙間が空くやろ。そこにゴミやホコリがたまるんや」と。

そのときは「掃除すればいいやん」と思ったのですが、言うことを聞いて四角を選び、こうして並べてみると納得！ ピシッと面を合わせて並べるとすっきり見えるし、ホコリの吹きだまりもできにくい。

「ほんのちょっと」の差が、暮らしを快適にすると知りました。


「ほんのちょっとが大事」ということを実感したもうひとつの例が、かき揚げです。突然話は変わります。

昨日の夕飯に、空豆とえびのかき揚げを作りました。

これまで私はかき揚げ作りが下手で、衣が薄すぎて油に入れたとたんバラバラになったり、カチカチになっておいしくなかったり。

そこで昨日はいろいろ調べてみました。以前は、卵と水と小麦粉で衣を作り、そこに材料を入れていたのですが、この順番を逆に。空豆とえびを先にボウルに入れておき、そこに小麦粉をふって全体に絡めます。そして、溶き卵1/2個ぐらいを少しずつ加えて混ぜ、さらに小麦粉を加えて、ちょうどいい硬さになるぐらいに調整。

　こうすると、衣がシャバシャバになったり硬すぎたりという失敗がなく、ちょうどいい塩梅に仕上がるというわけ。空豆って、さやごと蒸し焼きにしてもおいしいけれど、かき揚げもめちゃうまです。「ほんのちょっと」の作り方の差で、こんなにおいしくなるなんて！


　数日前、わが家のハンバーグ大臣の夫が夕飯担当に。ハンバーグだけは、夫のほうが断然上手なのです。私が作ると、どうしても種がやわらかくなりがちで、ジューシーだけどダラッとした仕上がりに。夫が作ると、外はカリッとしっかりと嚙みごたえがあり、肉々しい。

「コツは何？」と聞いてみました。

「空気を抜くこと。それが一番大事。ポンポンとボールみたいにキャッチボールして。それ、やってた？」

ハンバーグの作り方の解説のとき、よく「空気を抜く」と聞いていましたが、「どっちでもいいやん」とその工程をすっとばしていたワタクシ。

ちゃんとキャッチボールをやると、こんなにもグッと締まったおいしいハンバーグになることを改めて知りました。

「ほんのちょっと」ってやっぱりすごい！

6月13日

ス〜ッと深く息を吸うって、こういうこと

先日、取材に行ったハーブショップ「蓼科《たてしな》ハーバルノート・シンプルズ」を営む萩尾エリ子さんに教えてもらったのが、「いい香りをかぐと、自然に呼吸が深くなる」ということ。

たしかにハーブティを淹れたり、森の中で木々や土の香りをいっぱいに吸い込んだりするときは、自然に鼻の穴も胸もふくらんで、深く息をしている気がします。

「人って、知らず知らずの間に呼吸が浅くなっていますからね」と萩尾さん。この言葉は時々耳にしていたので、私は「そうだよね〜、知ってるよ〜」と思いながら聞いていました。

今週は、取材や打ち合わせで外出する日が続いています。5月はずっと家にいて体も心もスロースピードに慣れていたからか、週末に近づくにしたがって「疲れた……」と感じることが多くなってきました。

そんなとき、ふと萩尾さんの言葉を思い出しました。

そうか、呼吸か……。そして、ス〜ッと息を吸ってみたのです。

ハ〜！　そうか！と思いました。

ス〜ッと大きく吸ってみて初めて、今までの私の呼吸がいかに浅かったかを、身をもって感じたというわけです。

あれ？　私ったら全然吸えてなかったじゃん！　そう思いました。

「人って知らず知らずのうちに呼吸が浅くなるのよ」

そのことを、言葉ではわかっていたのに、体では全然わかっていなかった。この小さな体験をして以来、「あ〜、疲れた」「あ〜、嫌だな」「もう！」と思うたびに、ス〜ッと吸うことにしています。

おそらく呼吸を深くすると、今目の前にあることから、ふっと意識を高く上げることができるのだと思います。つまり「ここ」から、一時的に離れることができる。

大丈夫、できなくたって。時間をかければきっとできるはずだから。

大丈夫、イライラする私だって。お茶を飲んで一休みすれば、きっとイライラが飛んでいくはずだから。

そう切り替えられるようになりました。これだけで、いつもの時間を変えられるなら、やらなきゃソンです！

ス〜ッと吸って、ハ〜ッと吐く。
たったそれだけで、気持ちがふっと落ち着きます。

6月14日

小さな違和感を解決してニンマリ

生活していると、「これ、不便だなあ」「どうにかしたいなあ」と思っても、日々忙しくて、小さな違和感を心の隅に抱いたまま、時が流れていくことがしょっちゅうです。

先日出会った整理収納アドバイザーの方は、そんな違和感をほったらかしにせず、すぐに解決していました。さすがだなと、そのスピード感と行動力に驚きました。すっかり影響を受けたワタクシは、「よ～し！」とあたりを見まわしました。

一番気になっていたのは、歯ブラシホルダー。今まで、小さなコップに歯ブラシを立てていました。でも、どうしてもコップの底に水がたまり、ハッと気づくと黒ずんで怖いことになっている！「どうにかしなくちゃ」と思いながら、長い間ずっとほったらかしでした。

このたび一念発起！　いろいろ探して見つけたのが、吸盤タイプのホルダーです。もうすでに使っている方にとっては「当たり前やん」というグッズですが、洗面所の鏡に吸盤をくっつけ、そこに歯ブラシを吊るしておくことで上から下までカラッと乾き、なんともいい感じ。

もうひとつが水筒。この時期からは、出かけるときは水筒がマストアイテムです。今まで「サーモス」の一番小さなサイズを使っていたけれど、これが重い。書類にノートに手帳にレコーダーに化粧品に財布に……と入れたカバンの中に、さらに水筒を入れると、どっしりと重たくなります。

もっと小さくて軽いものがないかなあ。ずっとそう思って探し続けてきました。

そして見つけたのが、「ＰＯＫＥＴＬＥ（ポケトル）」と名付けられた水筒です。ポケットに入る水筒というコンセプト。その名の通り、かなり小さいのです。わずか１２０mlしか入らず、本当にコップ１杯分だけ。でも、私にとってはこれぐらいがちょうどいいのです。打ち合わせや取材先では、お茶を出してくださるし。

必要なのは、打ち合わせから打ち合わせへと移動する間だけ。ちょっとひと口水を飲みたい。そんなときに、なくてはならない相棒になりました。

ブレスレットと毎朝のおまじない

暑くなったり、梅雨寒だったり、気温差が激しいこの頃です。半袖を出してアイロンをかけたり、洗濯してしまい込んだジャケットをまた引っ張り出したり。

この時期から、出かけるときにプラスするのがブレスレットです。自分の誕生日に自分へのプレゼントとして、「アウトバウンド」での展示会で「samulo」のブレスレットを買いました。

「samulo（サムロ）」は、砂漠で掘り起こされた古代の石や銀貨、19世紀の教会でミサに集まった人々に配られたガラスなど、国も時代もさまざまな素材をひとつのジュエリーにする、というブランドです。

私にとって初めての石が入ったブレスレット。買ったときはまったく意識していなかったのですが、石にはなんだかパワーがあるのかも？　そう感じています。初めてつけて出かけた日に、いいことがあったからかもしれません。今では、私にとってお守りのような存在になりました。

できれば、毎日いいことがあってほしいけれど、なかなかそうはいきません。予期せぬことが起こるし、悲しいことがあったり、誰かの言葉に傷ついたり……。

ある方がこんな言葉を紹介していらっしゃいました。

「幸せになることは、努力をすることではなく、ありのまま、自然のままを受け入れる、つまり『こうあらねばならない』という自我からの解放である」

「こうあらねばならない自我からの解放」ってどういうこと？と考えてみました。

それは、きっと「こうしたい」という自分の素直な思いを大事にすることなんじゃないかなと思います。

糸井重里さんが『日経ビジネス アソシエ』（日経ＢＰ）のインタビューで、こんなふうに語っていらっしゃいました。

サッカーのＷ杯で、みんな日本代表は弱いと思い込んでいた。でも選手たちはみんな「そうじゃないぞ」と信じていた。

「だから僕も、未来を悲観的に見ていません」と糸井さん。

「『自分がどうしたいか』という意志や動機を持ったとき、〝生命のうねりみたいなもの〟が起こって、予測した前提を覆《くつがえ》すことができるんだと思います」と。

矢沢永吉さんは、4万人の観客の入ったステージに出るとき、震えるぐらい怖いのだといいます。でも、こう言ったそう。

「矢沢は考えたのよ、『矢沢、楽しめ』って」

「自分がこうしたいと思うプロセスをワクワクしながら楽しめば、不安を乗り越えられる」と糸井さんも語っています。

最近、出会う人、言葉すべてが偶然ひとつにつながってびっくりしました。それは、「自分がどうしたいか」ということ。

私は、日々の暮らしの中で発見した小さなことを書いていきたい、と思っています。それをワクワク楽しむことこそ、「幸せ」という形なのかなと思います。

不安になるのは、誰かの目を気にしたり、評価に心が揺れたり、「自分がどうしたいか」から離れてしまったとき。

夏は、手首を出す機会が多いので、ブレスレットが楽しめる季節です。シルバーや木製や真鍮。あれこれ取り替えるのも楽しい。せっかくなので、毎朝身につけるとき、「自分がどうしたいか」と呪文を唱えてみようと思っています。

6月20日

見えない時間に感謝するのは難しい

「時間」って目に見えないから、実体がありません。だからこそ、「見る姿勢」によって、その時間が自分にどう作用するかが変わってきます。たとえば、あれこれ忙しいと、ついまわりの人に対して「どうして手伝ってくれないのよ！」「どうして私ばっかり忙しい思いをしなくちゃいけないのよ」と思ってしまいがちです。

でも、きっとあの人だって忙しい。

ただ、あの人の忙しさは、私には見えません。

見えないものは、「ない」と一緒になってしまいます。

わが家では、この梅雨の時期から庭に雑草がモリモリと茂り始めます。私は「蚊に刺されるから」と言い訳をして、庭に出るのは洗濯物を干すときぐらい。草むしりは夫の役目です。

でも、その草むしりにどれぐらい時間がかかり、どれぐらい大変かは、一緒にやってみないとわかりません。仕事から帰ってきてふと、「あ、庭がきれいになっている」と気づきます。

なのにバタバタしていると、夕飯の支度をしながら「なんで、私ばっかりご飯作りをしなくちゃいけないのよ！」とイライラします。

「今日、ボクだって昼間草むしりしたよ」とボソボソ夫が言ったとしても、それが、どれぐらい大変だったかは、私はまったく実感できていないのです。

仕事でもきっと同じだと思います。

誰かがどこかでやっておいてくれたことは、それが見えないと、それがどれぐらいありがたいことなのか、実感するのが難しい。

できれば、「見えない時間」を想像し、そこにかかった手間を想像し、「ありがとう」と言える人になりたい。

「見えない」ことは「ない」ことになりがちなのです。そのジレンマに悶々とするこの頃。

見えないことに感謝できるようになりたいものです。

6月23日

「ブリコラージュ」という新しい言葉

新しい言葉に出会ったら、その意味を調べてみることにしています。まるで聞いたこともない言葉の向こうに、新しい世界が垣間見える気がして。

最近知った初めてワードは、「ブリコラージュ」。インターネットの記事で読み、なんだか響きがおもしろそうと思い、調べてみました。

ウィキペディアによると、もともとは「繕う」「ごまかす」を意味するフランス語で、「寄せ集めて自分で作る」「ものを自分で修繕する」ことを言うのだとか。

この「ブリコラージュ」を今の生活に当てはめると、「問題が生じた際に、手元にある材料や道具を寄せ集めて対処する」ということ。つまり、設計図をもとに目的を立てて何かを準備して組み立てる＝エンジニアリングとは対極にある考え方ということです。

エンジニアリングの考え方のほうが失敗は少ないし、確実です。でも、「その場で寄せ集めて作る」ブリコラージュは、不確実性に対応できるそう。

この言葉を知った数日後に、野村友里さんのラジオ番組で、鳥取県智頭町のパン屋「タルマーリー」の渡邉格さんが発酵のお話をされているのを聞きました。

発酵のおもしろさは、「ど真ん中ではなくて、多様な答えがある」ということ。「おいしい」という画一化された価値観の中で生きていこうとすると苦しくなるけれど、菌と関わるようになって、それぞれの個性を出したほうがおもしろい、「おいしい」ってもっと曖昧でいい、と思うようになったそう。そして、「失敗することにワクワクできるようになった」のだとか。

私たちはつい、「どんな生き方がいいのかな？」と正しい答えを探したくなって、「そこ」へ向かって一直線に走り出したくなるけれど、何が正しいかなんてわからない。あっちこっちにフラフラ歩いているうちに、ふと小川に出会ったり、大きな木を見上げたりするのも楽しいかもしれない……。

歳を重ねると、役に立たなくても楽しいことがある、と知るようになります。そうして拾い上げた「寄せ集め」で、その場でできる方法を選ぶ。

初めて知ったブリコラージュ的要素を暮らしに取り入れてみたらどうなるんだろう？　なんだかワクワクしてきました。

6月24日

雨の日に、洗濯しながらベーコン作り

雨だと洗濯物を乾かすのが大変。わが家には、乾燥機も浴室乾燥もないので、いつもこの時期は室内に洗濯物がずっとぶら下がっている状態でした。

が！　今は力強い味方がいるから大丈夫。知人に衣類乾燥機を譲っていただき、これが大活躍なのです。

最初はこれで本当に乾くの？と半信半疑だったのですが、浴室に洗濯物を吊るして稼働させると、まさに浴室乾燥状態に。数時間でカラッと乾き、ストレスフリーになりました。

週末は、洗濯しながらベーコンを仕込み、その合間に原稿書きを。

なんちゃってベーコンは、陶芸家の大谷哲也さんに教えていただいたもの。市販のスモークウッド（燻製用チップとは違い、煙だけが出て、お香のように燻製の香りをつけることができるもの）を使って簡単に作れるベーコンです。市販のベーコンって、材料を見るといろんな添加物が入っていて、いつもムムムと思っていたのです。

豚バラ塊肉を買ってきて塩をすり込み、冷蔵庫に1週間ぐらいおきます（2〜3日でもできました）。その後水につけて塩抜きし、オーブンを１２０度ぐらいの低めの温度にして2時間ぐらい焼きます。
その後、スモークウッドに火をつけて鍋に入れ、その上にオーブンで焼いた肉を並べた蒸籠《せいろ》をのせ、煙で香りをつければ完成。

時間はかかりますが、ずっとついていなくていいので、何かをしている合間にできます。もう、それは感動するぐらい、いい香りでおいしいベーコンができました。

家中にスモークの香りが満ちて、浴室では洗濯物がからりと乾く。たったこれだけのことなのに、たまらなく幸せな気分になりました。

6月25日

イヤなことは「お知らせ」と受け取る

仕事をしていると、楽しくてワクワクする出会いもいっぱいあるけれど、中には、ちょっとイヤなことや気になることもあれこれ勃発します。

私は「気にしい」なので、ちょっとしたことですぐに落ち込みます。メールの一言で、「こんな言い方しなくてもいいのに……」と悲しくなったり、取材の際の先方の一言で、「あの人、私のこと全然認めてくれていないな」とがっかりしたり。

若い頃は、どうしたら、そんな「イヤなこと」を避けられるのだろう？とその方法をずっと考えていました。でも、どうやったって「イヤなこと」は起こる。大事なのは、その対処法を身につけることだと、少しずつわかってきました。

今までのライター人生の中で、最大に落ち込んだことが2回あります。どちらも1年近くひきずって、「どうして私ってこうなんだろう……」とクヨクヨ悩み続けました。

でも、悩んだ期間が長かったぶん、私はその時期に、すごくいろいろなことを考えました。

私の悪いところってどこだろう？

それを直すにはどうしたらいいんだろう？

でも、どうしても直らないことはどうしたらいいんだろう？

そうやってバタバタもがく中で、「人には変えられることと、変えられないことがある」と学び、「変えられないことは、それを受け入れるしかない」と知り、「だったら、変えられない短所を長所として生かしてみよう」とやっと前向きに歩き出す……。そんなプロセスを体験しました。

そんな経験を経て、最近、日々の中で起こるささやかな「イヤなこと」は「お知らせ」なのかもしれない……と思えるようになりました。

イヤな言い方のメールを受け取ったら、「私はこれからメールを出すときは、小さな言葉に気をつけよう」と決心したり、正当な主張をされて「確かに」と納得しながらも心が傷つけば、「どんなにしっかり仕事をするよりも、私は優しい人になろう」と決めたり……。

「イヤなこと」は起こらないほうがいいけれど、でも、すべてが「いいこと」だと、私はすぐに調子にのってしまうので、自分を振り返ることをさぼってしまう。

そんな私に対して、「おいおい、お前さん、大丈夫かい？」という「お知らせ」がときどき届く。

だから「お知らせ」を受け取ったら、悲しかったり、傷ついたり、落ち込んだりする時間が自分を磨き直してくれると思って、向き合おうと思っています。

6月26日

餃子がうまく焼けるようになった！

フライパンを買い換えてから、ずっと餃子がうまく焼けませんでした。鉄のフライパンで餃子を焼くのって、難しい。どうしてもくっついて、餃子の底だけがはがれて泣きたくなる仕上がりに……。味はおいしいのに〜と、残念な夕飯になることが続いていました。

夫は「無理だよ。テフロンのフライパン買ったら？」と言うのですが、こうなったら、絶対うまく焼いてやる！　と立て続けに餃子の日を作りました。そして、先日やっとなんとか成功！

コツは、最初に煙が出るぐらいフライパンを熱すること。

そして弱火にして餃子を並べ、焦げ目がついたら、熱湯を注ぎます（これ、よく餃子の1/3ぐらいと書いてありますが、私はもう少し少なめにしました）。

フタをして、水分が飛んだら、全体にごま油を回しかけ、再びフタをしてしばらくおきます。ここがポイント。パチパチ言い出すまでじっとがまん！

お湯を入れて蒸し焼きにした状態では、餃子はまだフライパンにくっついています。ここで無理やり揺すったりはがそうとしたりすると破れちゃう。ごま油を入れて底がカリッと焼けるまで待てば、自然にはがれるようになるというわけ。

ごま油を入れてじっと待った後、恐る恐るフライパンをそっと揺すってみたら、餃子が動く！　お〜！　これはうまくいったかも……とお皿にひっくり返してみたら、大成功。たったこれだけのことなのに、うれしかったなあ。

今までできなかったことができるようになるということは、英語がしゃべれるようになることも、テニスができるようになることも、ビジネススクールでビジネスのしくみがわかるようになることも、そして、餃子が上手に焼けるようになることも、ぜ〜んぶ同じことだなあと思います。

生活の中で「できるようになる」ってなかなか自覚しにくいもの。餃子がうまく焼けても、夫が「お〜！」と言ってくれるぐらい。でも、それは私にとっては一大事。たかが餃子ですが、何度もトライして、うまく焼けるようになるってスバラシイ。

そんなささやかな進歩を大事にしたいなあと、「やっぱり見た目がいいと、うんまいなあ〜！」と言いながら思いました。

暑さに負けず

7～9月

7月 2日

一日に やることの数を 減らしてみる

ここ1週間、取材やら執筆やらでバタバタし、「見なかったことにしようＷＥＥＫ」が続いております。

大きな声じゃ言えませんが、掃除もストレッチもパス。あまりに気になる吹きだまりだけ、マキタの掃除機でちょちょいっと吸い込んで、あとはぜ〜んぶ「見なかったこと」に。キッチンの排水口掃除もさぼっております。

やっと今日は家にいられるので、久しぶりにストレッチをやりました。そんなダメダメな状態ですが、不思議と罪悪感はなく心もクリア。

先日、とある人に「人生の引き算」について教えていただきました。みんな物を買ったり何かにトライしたりと「足し算」は上手だけれど、引き算が苦手。どうしたら上手になるかというと……。

基準を「今」に置く。

今、必要がないものは処分する。

今、必要がない行動はストップする。

つまり、私の「見なかったことにしようシリーズ」は、今＝取材＆原稿に集中するための引き算なのだと……。

「今」は刻々と変わっていきます。ある時は取材に飛び回ることだし、ある時は家を整えて心を整理することだし。それは、もうちょっと長い目で見た人生でもきっと同じ。

仕事が大事な時期もあるし、子育てに集中する時期もある。友だちと遊ぶのが楽しい時期もあれば、一人で籠もりたくなることもある。でも、自分が何かにずっと固執していると、変化についていくことができません。

「掃除だけは絶対やらなくちゃ」と思いすぎると、「今」の密度が薄くなってしまう。日々のルーティンは大切だけど、変化に対応する柔軟性はもっと大事。

そして「今」に集中するために、できないことはとっとと手放す！身軽になれば、「今」に向き合うパワーがぐんとアップするような気がしています。

久しぶりに、以前『暮らしのおへそ』で取材させていただいた植松努さんのブログをのぞいたら、すごくいい言葉を見つけました。

人生には「これさえやっておけば大丈夫」なんていう切り札はありません。

一生続く仕事もないし一生を保障するような資格もありません。

最終的にモノをいうのは、多様な知恵と経験と、生涯学び変化するための興味と好奇心です。

(中略)

一生懸命という言葉の「一」にとらわれてしまった人達が、人の多様性に制限をかけます。

最近、人生のお楽しみは「多様性」の中にあると感じています。「これ！」とひとつの世界にこだわらないで、これもいいけど、あれもいい。あっちも、こっちもおもしろそう……と、自分とは違う世界を受け入れられる人になりたいなあと。

今まで、決してぶれない自分の「軸」を探さなくちゃと思ってきたけれど、ぶれたって、変わったっていいのかも？と思い始めているのです。寄り道しても、また戻って「やっぱりここがいい」と思えるならそれでいい。

そんなことを考えながら、掃除やストレッチをサボる言い訳をしております。

7月4日

ジメジメ季節だからこそ、肌に贅沢を

ずっと雨が続くと、布団を干すことができなくなります。私は大抵週末にシーツと掛け布団カバーを洗い、布団とベッドマットを干します。面倒だな〜と思っても、洗いたてで太陽の匂いがする布団はやっぱり気持ちがいい！

ところが、この時期になるとそれが難しくなる……。今日は貴重な晴れだ！と思う日に限って、朝から取材で出かけなければならなかったり。そこで、「あ、あれがあったやん！」と思い出し、押し入れの奥から引っ張り出してきたのが布団乾燥機。2年ほど前に買ったのに、使わないまま眠っておりました。

布団乾燥機はいろいろな種類があるけれど、「コレは布団だけでなく、ベッドをすっぽり覆うカバー付きだからいいんですよ」と当時ヨドバシカメラのお兄さんに教えてもらったのでした。

使ってみると、これがすばらしい。カバーに本体のホースを差し込み、スイッチオン。ブオ〜ッと熱風が送り込まれて、この時期しっとりしがちなベッドが、隅々までカラッと乾きます。お風呂上がりに寝転がってみると、シーツも布団もサラサラで、その違いを実感。

私は、なぜか便利な家電を使うことに一抹の罪悪感があって、布団は太陽の下で干したほうがいいでしょ！と思っていたのですが、暮らしを手助けしてくれるものはじゃんじゃん使ったほうがいいと、改めて思ったのでした。

暮らしの中で、「肌触り」って大事だなあと思います。そんなに贅沢なものでなくてもいい。さらっとしたシーツやタオル、パリッとしたキッチンクロス、さっぱりしたパジャマ……。

私はどちらかというと、「硬い」質感のものが好きなようで、モフモフ、ふわふわしたものはあまり持っていません。

蒸し暑くて疲れがたまりがちな季節だからこそ、気持ちいい肌触りの生活道具で乗り切りたいと思います。

7月5日

雨の日の備え

雨が続くこの時期、「あ〜あ、なに着て行こうかな」と迷います。

そんなときの強い味方が、「Daja（ダジャ）」の板倉さんに教えてもらった「ヘンリーアンドヘンリー」のラバーシューズ。靴が決まれば、不思議と洋服も決まりやすい気がします。一見エナメルのように見えますが、その名の通りゴムの靴。この手の靴は、履き心地がイマイチなことが多いのですが、これは足にぴったりフィットして、長く歩いても疲れません。

どんなに大雨でも、電車に乗って建物の中に入ってしまえば普通の日と同じ。最近では、長靴は滅多に履かなくなりました。この靴だと普通のレースアップシューズとほぼ同じなので、いつもの服装にも合わせやすいのです。

そしてもうひとつのお助けアイテムが、ユニクロのパーカーです。超薄手で折りたたむと小さくなるので、バッグの中に入れておきます。フード付きなので、小雨が降ってもこれさえあれば自転車で帰ってくることができて大助かり。

レインウェアは、暑くない、蒸し蒸ししない、重くない、が一番。
お気に入りを揃えておくと、雨の日の気持ちが軽くなります。

7月 7日

湿気や疲れ、心が弱っている日には

自分が弱っちくなったときって、大切なものがくるりとひっくり返る気がしています。

イケイケドンドンの張り切りモードのときは、目の前にある仕事がくっきり見えて、前へ進む段取りができ、新しいものが次々と目に入ってくる。でも、心が疲れたときは、普段ならスルーしてしまう「目に見えないもの」がいかに自分を癒してくれるかを思い知ります。

毎日焚いているアロマだけれど、その香りに、ふ～っと息を吐けたことに安心したり、静かな音楽がす～っと心に染み入ってきたり……。

先日、柑橘系やローズマリーなどのクールな香りが頭をクリアにしてくれると教えてもらいました。私は無意識に仕事部屋で焚く香りとして選んでいたけれど、正解だった。体が選ぶものって、正しいのですね。

疲れているからこそ、呼吸を深く。

好きな香りをふう～っと吸い込むと、自然に呼吸が深くなり、ちょっとだけラクになります。

さらには、もうどうにも心がどろ〜んと落ち込むときは、とにかく、とっととお風呂に入って早々にベッドに潜り込みます。

以前、暮らしのおへそ実用シリーズ『暮らしのもやもやを、整える』を作ったときに、取材先で「どんなに悩んでいても、ぐっすり眠ったら、あれ？　何に悩んでいたんだっけ？と思えるでしょう？」という言葉を聞いて、なるほど！と思ったもの。

私は、ちょっとつらいなあという日は、9時にはお風呂に入って9時半ぐらいに寝ることにしています。

香りも音楽も睡眠も、当たり前といえば当たり前。でも、心が弱っているからこそ、すぐ身近にある当たり前の力を再認識する……。自分をレスキューする方法は、無理して何かを変えようとすることではなく、自分のまわりを見渡して、そこにあるものを、よ〜く味わってみることなのかもしれません。

さあ、今日はレモングラスの香りでＣＨＥＥＲ　ＵＰ！

7月 9日

梅雨のもやもやは中華のおかずで吹き飛ばす！

梅雨の時期は胃腸の調子を崩しやすく、さらに忙しかったり、気になることがあったりすると、食欲が落ちてしまいます。でも、しっかり食べないと元気が出ない。

そんなとき、わが家では中華のおかずを作ります。にんにくや生姜、豆板醤などを効かせて、野菜たっぷりで作ると自然に箸が進みます。

先日、取材の帰りに立ち寄った道の駅で、生のきくらげを見つけました。今まで買ったことがなかったのですが、原稿の文字起こしの手伝いをしてくれているあやちゃんが、「卵と一緒に炒めるとおいしいですよ」と言っていたのを思い出し、買ってみました。

まずは卵3個を溶いて熱したフライパンにジュッ！　大きくかき回したら、半熟で取り出します。今回はちょっとボリュームアップしたかったので、豚バラ肉を炒めてから、きくらげと小松菜を投入。酒、酢、砂糖、醤油、オイスターソースなどを適当に加えて味つけをし、卵を戻し入れてできあがりです。

これがおいしかった！　きくらげのシャキシャキ感が病みつきにな

ります。きくらげは６～９月が旬だそう。

もう一品が青椒肉絲《チンジャオロース》。

ところが、冷蔵庫にピーマンがあると思っていたのに、いざ作ろうと思ったら２個しかなかった！　そこで、たまたま買い置いていた甘長とうがらしを使ってみることに。

斜めにザクザク切ってピーマンと一緒に炒め、豚肉のスライスとたけのこと一緒に炒めてオイスターソース、醤油、酒、砂糖などで味つけしました。

これが大正解でした。ピーマンより歯応えがあり、ちょっとほろ苦い味がおいしい。これからは必ず入れようと思いました。

しっかりご飯を食べるとやっぱり元気になりますね。

生きくらげと卵の炒め物

材料……生きくらげ１パック、卵３個、豚バラ肉１００ｇ、小松菜1/2束、酒、酢、砂糖、醤油、オイスターソース（各適宜）

作り方…生きくらげ、豚肉、小松菜は食べやすい大きさに切る。卵3個は溶く。フライパンを熱して油をひき、卵を入れて半熟になったら取り出しておく。フライパンに豚肉を入れて炒め、きくらげと小松菜を加えてさらに炒めたら調味料で味つけをし、卵を戻し入れる。

7月13日

いつも同じでいいのかな？と不安になる日

昨日、佐渡島庸平さんのｎｏｔｅで、おもしろい記事を見つけました。「企画力よりも大事な『継続力』」というタイトル。

佐渡島さんは、元講談社の編集者で、『宇宙兄弟』や『働きマン』など数々のヒット作を担当し、「もっと作家さんに寄り添うために」と独立して作家のエージェント会社「コルク」を立ち上げた方です。

新人漫画家を育てるのも仕事だという佐渡島さん。かつて編集者だったときは、「ホームランを打たなくちゃ」と発破をかけていたのに、今は、「ホームランじゃなくていい、ヒットじゃなくてもいい。毎日漫画を描こう！」とアドバイスするようになったのだとか。

「毎日、打席に立ち、どれだけ空振りをしても恥じることなく立ち続ける。そういう努力をした人は、いつか毎日のようにヒットを打ち、気がつくとたまにホームランを打つようになる」

こんなふうに書いていらっしゃいました。

「ゆっくりとした成長は、前に進んでいないように感じて、じれったいかもしれない。でも、一年という単位で振り返ると、まったく違う場所へたどり着いている」とも。

そっか。私もコツコツやろう……と改めて足元を固める大切さを教えていただいた気がしました。

本当に好きなことでないと、毎日続けることはできません。

花を生けるのが好き。

料理をするのが好き。

子どもと遊ぶのが好き。

私も「書く」ということが好きということだけは確か……。

でも、いくら好きでも、ずっと同じことを続けていると、どうしても結果や成果が欲しくなる。「これを続けている意味」を知りたくなります。

ただ、どんなに結果が欲しいと望んでも、それは、自分の力でどうにかできることではありません。誰かが評価してくれて、初めてそれは姿を見せるものだから。だったら、できることはやっぱり、自分ができることをコツコツとやるだけ。

毎日みんなをあっと驚かせる出来事は起こらないけれど、私は私の暮らしの中で拾い上げたちっちゃなことをこれからも日々書いていこう、と思ったのでした。

お母さんが毎日料理を作っていると、それは子どもの記憶に必ず残ります。職場で毎日「おはよう」と挨拶していたら、休んだときに「寂しかったよ」と言ってもらえたりします。

「私がここにいる意味」って、そんなちっちゃなことでいいんだよな、と思うこの頃です。

7月26日

怒ることと、怒っていることを伝えることは別

私は「怒る」ということが苦手です。いや、正確には、「人に怒っていることを伝える」ことが苦手……。

誰かに何かを言われたり、誰かの行動を見たりして、ムムッときてもなかなかそれを口にすることができません。

「私が怒っていることは、その人が悪いことをしたのではなく、ただ私のプライドが高いだけなんじゃなかろうか？」

「このまま怒りをぶつけたら、あの人はきっと落ち込むだろうな……」

いろいろなことが頭の中をグルグル回って、結局言葉を飲み込んでしまう。その結果、行き場を失った怒りだけが私の中に残り、ぶすぶすとくすぶってしまうのです。

昨日会ったある人は、こう教えてくれました。

「『怒っちゃいけない』ことと『怒りを見せちゃいけない』ことは違うんだよ」

「イチダさんは、きっと『怒りを見せちゃいけない』って思ってるん

だよね。でもね、『見せちゃダメ』と『怒っちゃダメ』は違うんだよ。怒っているところを人に見せたくないなら、自分だけで怒ったらいいよ。イラッときたら、『そりゃ～、イラッとくるよね』って自分で自分の怒りに同意してあげればいい。怒りを自分で消化すればいい」

なるほど～と思いました。

私がもやっとしていたのは、「私はすごくムカッときたのに、それを相手に伝えられなかった」から。つまり私は、私が怒っているのをわかってほしかった……。

でも、自分が持ちきれない感情をぶつけても、相手はなかなか理解してくれません。せいぜい「あの人、何をイライラしているの？」と冷めた目で見られるくらい……。だったら、「伝える」ことと「ムカッとくる感情」を最初から分けてしまえばいいのかも。

たとえば、誰かがすごく失礼なものの言い方をしたとします。それが、私をバカにしたように聞こえたとする……。けれど、「そんな言い方しなくてもいいじゃないですか」と相手に怒りをぶつけるのは、びびりんぼの私には難しい……。それで悶々とするわけです。

そんなときは、まずは自分に対して「あんな言い方をされたらイラッとくるよね～」と同意してあげる。「そうだよ、失礼な言い方だし、人のことを考えてないし」とプンプン怒りまくってみる。そうやって怒りをある程度消化したら、「それでも、私はあの人にこの怒りを伝えたいかな？」と自分に聞いてみる。すると意外に「もう、いいか」と思えるかもしれません。

私は「怒ったら、ちゃんと相手に伝えられる人にならなくちゃ」と思っていたのでした。でも、そもそも「怒り」なんて伝えなくてもいい、一人で怒って消化すればいい、と割り切れば気持ちがぐんとラクになります。

う～ん、でもちょっと練習が必要かも。次にイラッとしたらやってみることにします。

7月30日

本日はリセットデイなり

ずっと続けてきた執筆の出口がようやく見え始めて、ちょっとほっとしています。

書くことに集中している日々は、そのほかの世界がモノクロームになったよう。見ているのだけど見えていなくて、感じているのだけど感じていない……。入稿を終え、「ああ、これでもう大丈夫」と思ったとたん、まわりの景色に色がつき始めます。

朝起きてキッチンを見たら、うわっとびっくり。いつもは寝る前に、水切りかごなどの水気を拭いてフックにかけてカラッと乾かしていたのですが、ここ数週間はその余裕すらなくて、ずっと置きっぱなしに。水切りかごの隙間には白い水垢が。シンクまわりのステンレスも白っぽくなっています。

「よし！」と「一発逆転大作戦」にとりかかりました。

まずはシンクの排水口にフタをし、クエン酸を入れて水をため、水切りかごをつけておきます。まわりのステンレスの台は、クエン酸液をスプレーしたキッチンペーパーを貼りつけてパック状態に。このまましばらく放置してから、ブラシやスポンジでゴシゴシ。かなりピカ～ンときれいになりました。

キッチン以外にも、「見えていなかったもの」がいっぱい。ふと気づくと、なんと体重が増えている！　２週間ほど毎朝のストレッチもサボっていたし、執筆しながら無意識におかきをポリポリかじったり、チョコレートを食べたりしていたし。

無意識って怖い。ちゃんと暮らしや自分の体に意識を向けていることで気づくことがたくさんあるということを、改めて実感しました。

朝起きて、パソコンの前に座ってただただ必死で書くのと、座りながらも体を意識し、姿勢を正し、時にはスタンディングデスクで立って仕事をし……と、自分の体と相談しながら過ごすのとでは、体の状態がまったく違ってくるということ。

暮らしの中でも、「あ、ここに水気が残ってる」と拭いたり、「あ、庭の花飾ってみようかな」と1輪飾ったり、お菓子を食べる代わりにゆっくりハーブティを淹れたり。そんな小さな積み重ねで毎日って変わってくるんだなあと。
もう一度自分のフタを開けて、さあ、今日を楽しもうと思います。

8月　5日

自分の手先から溢れ出るもの

非常事態宣言中、ピアニストの小曽根真さんは「Welcome to Our Living Room」と題し、毎晩9時にご自宅から、奥様で女優の神野三鈴さんと共にライブ配信をされていました。

このことをラジオで知り、毎晩とても楽しみにしていました。当時、取材も打ち合わせもことごとく中止になり、家でゆっくりした時間を過ごしていたものの心の奥底はどこか不安で……。そんな時期に小曽根さんのピアノの音は心に染み入りました。

スタンダードなジャズはもちろん、クラシックから演歌、「ドラえもんのうた」まで、どんな曲もアレンジによってジャズになります。小曽根さんの体の中には、膨大な量の音が詰まっていて、指先からその音がこぼれ出ているかのようでした。

いったいどうやって、小曽根さんは体の中に「音楽」を吸収したのだろう？　そんなことが知りたくて取材を申し込みました。

ご快諾いただきご自宅へ。小曽根さんは、バークリー音楽大学に入学したときのことから、卒業後日本に帰ってからはなかなか受け入れられなくて苦労したことまで、長い物語を話してくださいました。

指先からこぼれ出る音の秘密について聞いてみると――「とにかく聴くことが大事。聴ける人はうまくなります」とのこと。

「自分のオリジナルの音楽を生み出すためには、どれだけ人の曲を知っているかが大事。人の作品を全部吸収したら、その中から自分のものが出てくるんです。自分のものを自分の力で作ろうといくらあれこれやっても、ソースがないとダメ。これはどの世界でも同じですね」

幼い頃から天才と言われた小曽根さんでも、そうやって地道な時を過ごされてきた。「天才」という才能があるとしたら、それは、飽きずにずっと「聴き続ける」力なのかもしれません。

私はこれから先「書く」ことを続けられるだろうか？　いつかネタが枯れて書き続けることができなくなるんじゃなかろうか？　そう思うと不安でたまらなくなります。そんな私に小曽根さんは、「あなたは、何を体に入れているの？」という問いを投げかけてくれた気がします。

私が書いているテーマは「暮らし」だから、経済、アート、化学、料理……そのすべてから何らかのヒントを見つけることができるはず。だったら、不安がるより前に、いろんなものを見て、聞いて、読んで、新しい世界の扉を開けていこう。

どんな人でも自分の中に蓄積したものによって力を得られるのだと思います。お母さんは子どもを育てながら強くなるし、手芸が好きな人は、手を動かすことで暮らしをちょっと豊かに変えることができる。

私たちはつい、「何かをするため」と目標を立てて、そのために必要な分しか努力をしないものです。でも、目的に合わせるのではなく、いろんなことを丸ごと体の中に蓄積したら――。

自分の手先からどんなものが自然にこぼれ出るのだろう？と、見てみたくなりました。

8月13日

小さな嘘

一年に1〜2回、激しく落ち込むことがあります。

そのことを消化して書くことができるようになるまで、2〜3か月の時間が必要です。やっと書けるようになった最近の落ち込みは、私のついた小さな嘘から始まりました。

ある人に仕事をお願いしてからダブルブッキングだったことに気づきました。どちらか一人を断らなくてはいけません。

「あちゃ〜、やっちゃった！」と思ったものの、なかなか言い出せませんでした。そのうち「あの仕事、どうなりました？」と連絡をもらってしまい、とっさに「あの仕事、延期になったんです」と嘘をついてしまいました。

それからしばらく、なんとなく後味が悪くて、喉の奥に小さな骨が引っかかっているようで……。そんな波動は、知らず知らずのうちに伝わってしまうものなのかもしれません。きっとその人も「何かヘンだな」と感じていたんだろうなあ。そして今はＳＮＳの時代。嘘はすぐにバレてしまいました。

ある日、「嘘をつかなくても、本当のことを言ってくれたほうがずっとよかったのに」というメールを受け取り、ザザ〜ッと血の気が引くようでした。

すぐに電話をして「ごめんなさい、正直に言います」と告白をしました。「うん、わかった」と言ってはくれたけれど、私はその日の仕事は上の空。「なんてことをしてしまったのだろう」「こんなにも人を傷つけてしまったなんて……」とグルグルグルグル同じことばかりを考え続けました。

帰宅後すぐに、お詫びの手紙を書いたものの、心はちっとも落ち着かず、「ああ、たった一言で、私はあの人との信頼関係を壊してしまったんだ」と泣きべそをかきました。

どんなに悔やんでも、自分の口から出た嘘は、もう取り返しがつきません。そして、そのとき思いました。どんなに頑張って仕事をしたとしても、どれほど評価を受けたとしても、嘘をつくと、胸を張って生きていくことができないんだなあって。そして自分に誓いました。

どんな場面でも、どんな些細なことでも、私はもう二度と嘘をつかない。

激しく落ち込んでも、人前でそれを見せるわけにはいきません。自分の内側で静かに噛み締めるしかない。でも、その痛い体験は人の一番奥底にある芯に削りを入れ、最も大事な何かを変えてくれます。だからこそ、キリキリとした痛みを大事にしたい……。

「人に嘘をつかない」なんて、幼稚園の子どもでも知っていることです。でも、50代になった今、その大切さを新たに胸に刻む。

つらくてたまらなかったけれど、これを味わえたことはきっとよかったんだと、３か月が経った今、やっと思えるようになりました。

8月15日

心と時間の掃除をしよう

この暑さで夕飯の買い物に出るのも億劫になり、ちょうど夫も出張中だったので、日が暮れ始めてから街へ。急ぐわけでもないので、スーパーへ行く前に、ちょっと寄り道をしました。本屋さんに立ち寄って、久しぶりに雑誌コーナーでパラパラと立ち読みを。そういえば、こうやって立ち読みをするなんて、随分やっていなかったなあと思いました。

雑誌が売れないと嘆きながら、私自身も、若い時よりは雑誌を買わなくなりました。でも、久しぶりにあれこれ見てみるとおもしろそうな特集がいっぱい。

思い返せば若い頃、ひとつでも心に引っかかる言葉を見つけたら、その雑誌を買ったものでした。たった一言だけど、今まで考えたこともない方向から物事を見つめるその切り口が、いつもの毎日を変えてくれる気がしたのです。

久しぶりにあの感覚を思い出し、気づけばこれもあれもと手にしていました。さらには、書籍もおもしろそうなものを見つけて大量購入。

そして、「ああ、こういう時間っていいよな」と思ったのでした。

人は、心のどこかに「隙間」がないと、こうやって、新たな何かを入れることができません。いつも仕事でいっぱいいっぱい。そんな自分を反省しました。

モノを減らす断捨離が流行っているけれど、時折心の掃除もして、いらない物を捨て、自分の中に「なんにもない」場所を作る習慣をつけないと。

以前、『暮らしのおへそ』で料理人の竹花いち子さんを取材させていただいたときのこと。竹花さんの「おへそ」は、夜寝る前にその日で一番よかったことをひとつ決めることでした。

それを真似して、私も夜ベッドに入ったら、その日一番幸せだったことは何かなあと考えるようになりました。

不思議なことに、私にとって「仕事」はとても大事なのだけれど、「幸せだなあ」と思うのは、暮らしの中の些細な風景です。今日は春巻きがおいしく作れた、とか、桔梗《ききょう》の花を庭に植えたとか。

いい文章を書こうと意気込んでずっと生きてきたけれど、本当の幸せは、普通の日常のどこかにあるのかもしれない。だったら、それを感じられるように心の掃除をして、「隙間」を作っておかなくちゃ。そう思ったのでした。

たぶん、心に隙間を作るために必要なのは、時間の整理整頓なのだと思います。

自分にとって必要のない時間を捨てる。時間の断捨離をしなくてはと思います。

8月29日

「振り返ること」なんて大嫌いだったのに

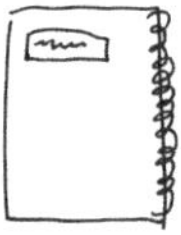

取材をして以来、ＳＮＳでつながって、時々メッセージのやり取りをしていたライフオーガナイザーの鈴木尚子さん。ある日、鈴木さんからダイレクトメッセージが届きました。

「私がこの仕事を始めるきっかけになった、雑誌のインテリアページの切り抜きを見ていたら、クレジットにイチダさんの名前があったんです！」

なんと20年以上前の『LEE』（集英社）の記事でした。それをきっかけに、一緒にご飯を食べに行くことに。

ワイン片手に、鈴木さんに思いっきり質問タイム。片づけサービスの会社を立ち上げて、いろいろなセミナーや講座を開き、いつも即満員に。そんな鈴木さんに私が聞いてみたかったのは、「どうしたら、話題が枯れることがないのか」ということ。

整理整頓のセミナーの基本セオリーは、きっとそんなに大きくは変わらないはず。なのに毎回「鈴木さんの話が聞きたい」とリピーターが集まるのです。

「どうしてみんなが飽きないの？」
「どうして、毎回違う話ができるの？」
「自分の中が空っぽになっちゃうことってないの？」
次々に聞いてみると、鈴木さんが教えてくれたのが「振り返り」という時間でした。

セミナーでも、片づけサービスでも、何か行動を起こした後は、必ず「どうだったかな？」「お客様がどう感じてくださったかな？」「あの言い方より、もっと伝わる言い回しはなかったかな？」と振り返って分析し、そして「もっとこうしたらいいんじゃない？」と思うことをとことん追求するのだとか。

「次は、以前の１０３％ぐらいできるようにって、３％ずつふくらませている感じ」と教えてくれました。

いや〜まいった！　実は私はこの「振り返り」が大の苦手なのです。やり終わったことはとたんに興味をなくし、意識は次の仕事へ。だって、もう終わったことをあれこれ言っても仕方ないと思っていたので。

ただ最近は、「新しいこと」を次々に求めるより、「すでに持っているもの」を見直して、その正体を確かめて再構築する時期なのかも、と感じていました。そこで、苦手ではありますが、今回はやってみてもいいかもと思いました。

さらに、鈴木さんはもうひとつ「いいこと」を教えてくれました。それは、「ストレングスファインダー」というもの。これはアメリカの会社が開発した、自分の強み＝才能を見つけ出すツールで、ウェブサイトで177個の質問に答えると、「自分の資質の順位レポート」が34項目出てくるというもの。

さっそくトライすると、私の強みの一番は「内省」でした。つまり、考えること、思索することが好きということ。そんな「強み」を最大限に発揮するためのおすすめの行動は、「毎日数分の時間をさいて、考えをまとめること」なのだとか。鈴木さんの言った「振り返り」とカチリと組み合わさりました。

こうして、私は一冊のリングノートを購入。誰かと会ったり、手がけた雑誌が完成したりするたびに、「どうだったかな？」と分析し、書き留めることを始めたばかりです。

やってみると、あんなに「嫌い」と言っていたのに、なかなか楽しい。自分がすでにやり終わったことの中に、「次はもうちょっとこうやったらいいかも」という可能性を見出すことは、「まだまだ私は成長できる」と信じられる、ということです。そうか！「枯れない」ということは、「いくつでも反省点を見つけられる」ってことなんだ！と納得したのでした。

常に新しい何かを得ようとすると、「そんなにいつまでもインプットできない」と限界を感じてしまいます。でも、「やり終わったこと」の中には、必ず「もうちょっとこうすればよかった」が潜んでいる。それを見つけて、毎回３％だけ進化すればいい。

新たな明日の迎え方を教えてもらったようで、ここ数日ワクワクしています。

8月31日

一番身近な夫に優しくすることの難しさったら！

暑い中、この週末は初めてのグラノーラ作りに挑戦しました。というのも、夫が毎朝シリアルを食べるから。

わが家では、私は朝はフルーツしか食べないので、朝食はそれぞれが好きにする、というスタイルです。で、夫がスーパーで買ってきたシリアルの袋の裏を見たら、なんだかいろんな添加物が入っている……。だったら自分で作ってみたらどうだろう？　私は食べないけどね、と考えたというわけです。

作り方はいたって簡単。

オートミール２００ｇに砕いたミックスナッツやひまわりの種を加え、小麦粉１００ｇと、オリーブオイル80ｇ（もう少し少なくてもよかった）、メープルシロップ１４０ｇを加えてよく混ぜ、オーブンシートの上に広げて１７０度のオーブンで30分ほど焼きます。少し冷ましてからドライフルーツを混ぜればできあがり。

香ばしい香りが家中に広がって、とってもおいしくできました。夫も「やっぱりうまいの～」と言っておりました（ただ、材料費は思ったよりはかかりました）。

自分が食べないのに作ってみたのは、ちょっとした罪滅ぼしの気持ちから……。

先週半ば、夫が肘の骨を折りました。左手だったのは幸いでしたが、ギプスでぐるぐる巻き。つまり、家事がなんにもできなくなった！

今までずっと、晩ご飯の後片づけは、夫担当でした。だから、ご飯を食べ終わった後は、私はテレビを見ながらのんびりできた。なのに、これじゃあ洗い物はとても無理。つまり、私はご飯を作って食べ終わったら、片づけもしなくちゃいけなくなったのです。

今まで夫が器を洗い、ガスレンジまで拭いて、ついでにふきんまで洗ってくれていたのが、いかに助かっていたかを思い知りました。

で、怪我をしているんだからしょうがない、と思いつつも腹が立つ。どうして私ばっかりバタバタ動き回らないといけないのよ！とプリプリしながらご飯を作り、「なんか手伝おうか？」と恐る恐るキッチンに入ってきた夫に「なんもできないくせに！」と冷たく言い放つ……。

一番身近な人に優しくしよう、といつか心に誓ったはずなのに、気がついたらプリプリオーラ出しまくり。

手伝えないのに、「あ〜あ、水しぶきが床に散ってるじゃん」とか

「昨日、シンクの上拭いてなかったでしょ？　ベトベトだったよ」と言われようものなら、イラッ、ムカッがマックスに。

そして後から反省するのです。あ〜あ、もう少し優しくしてあげればよかったって。

ステイホームの時期に、ずっと家にいて、うちでご機嫌に過ごすことの大切さを思い知ったはずでした。ビッグな仕事をするより、家族で元気に、家でニコニコ過ごすことのほうがずっと幸せかも、とスイッチが切り替わったはずでした。

なのに、目の前の小さな幸せを大事にできない……。ニコニコしながらご飯を作り、「も〜しゃ〜ないな〜。腕が治ったら2倍返しね！」とでも言いながら片づければいいだけなのに。

一番簡単であるはずのことが、一番難しいことを実感しています。

夫がカリカリとグラノーラを食べる朝、今晩こそはご機嫌に過ごすぞと思いつつ。

9月4日

ささやかな、おへその「まねしんぼ」

『暮らしのおへそ　vol.30』でフリーランストレーナーの佐々木由貴子さんに教えていただいたのは、「枕を毎日干す」というおへそ＝習慣でした。

佐々木さんは、伊勢丹新宿店で開催した「大人になったら、着たい服」のイベントに来てくださった方。コム・デ・ギャルソンなどの服をかっこよく着こなして、「あの人、何者？」と興味津々に。何度目かに話しかけ、その後Ｆａｃｅｂｏｏｋでつながって今回取材をお願いしたのでした。

ご自宅に伺ってびっくり。なんせ、隅々までめ〜っちゃきれいなのです。無印良品などのボックス、引き出しを使って、家中の物に定位置が決まっていました。

収納だけではなく、朝起きてから夜寝るまで暮らしの流れをきちんと整えていて、「汚れ」や「つまり」や「滞り」がないのです。さわやかな風が通り抜けるような清々しさが感じられる暮らしっぷりでした。そんな毎日をつくる「おへそ」のひとつが、「枕を毎日干す」だったわけです。

私は、週末シーツを洗うときぐらいしか枕を干していなくて、夜に髪の毛を乾かしてから寝るものの、枕が水分を吸ってしっとりしちゃうなあとうっすら感じていたのでした。

そっか、毎日干せばいいんだ！と知って目からウロコ。しかも専用ハンガーを手に入れれば、洗濯物を干すときについでに干せてラクチンです。取材から帰ってさっそくハンガーを入手しました。

枕を毎日干すと、寝るときにお日様の匂いがして、枕がふかふかになって気持ちいいこと！

そしてもうひとつ、佐々木さんに教えてもらったのがモップです。なんと、「クイックルワイパーハンディ」のモフモフに、黒が出た！私も毎日使っていたのですが、「どうして、このモフモフが紫なんだろう？」と悶々としておりました。

さっそく黒をゲット。本当は、汚れがわかりやすい白がいいなあと思いますが……。でも、これなら使わないときに吊るしておいても違和感がありません。

こんなふうに、ささやかに暮らしを変えることが、「おへそ」の楽しみだなあと思います。

9月 6日

もっと遊ぼ！

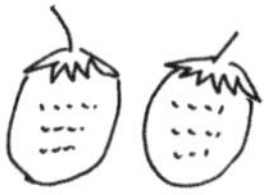

幼い頃、京都府舞鶴市にある日本海側の小さな町に4年間ほど住んでいました。

父の会社の木造の社宅は、木枠の窓に昔ながらのツルツルのガラスが入り、庭に面して廊下が走り……。今、築50年という平屋に住む私の原点は、あの家にあったのだなあと思い返します。

祖母や母が庭にいろいろな花を植えており、その中にいちごがありました。早く実がならないかなと、ワクワクしながら待っていたある日。葉っぱの陰に赤い実を発見。母たちには内緒でそっと庭に出て、1粒のその実を摘みました。手のひらにのせてハッとしました。なんと真っ赤ないちごの裏側は、まだ真っ白だったのです。太陽の光が当たる側だけが、赤く熟していただけ。

「なんてことしちゃったんだろう！」

私は3歳か4歳ぐらいだったはずですが、あの時のヒヤッとした感じは、いまだに覚えています。

最近、「全体性」ということについてよく考えます。

私たちは「こうだ！」と思い込むと、それが世界のすべてになってしまって、その裏側にもうひとつの世界があることを忘れがちです。この言葉を教えてくれたのは、医師の稲葉俊郎さん。東大病院を経て、軽井沢へ移住。西洋医学が病気を治すことを目的とする「病気学」とするならば、その裏側には健康に幸せに生きるための「健康学」がある。健康学には、アートや音楽やおいしいものを食べるということも含まれると、著書『いのちは のちの いのちへ』（アニノマ・スタジオ）に綴られています。

私にとっての全体性って何だろう？ そう考えたとき、あれっ？と初めて自分に光を当て、全身を見たような気分になりました。そして思ったのでした。「私って、仕事しかしてないじゃん！」って。

フリーライターとして食べていくだけで精一杯で、自分の仕事をつくることが自分を発見することであり、自分自身を構築していくことでもありました。でも、仕事は自分の「一側面」にすぎない。だったら私にとって、「仕事以外」っていったい何なのだろう？

料理や掃除、洗濯などの暮らすこと、映画や美術館へ行くこと、旅行すること。私の場合、「暮らすこと」は「書くこと」につながるので、仕事の一部でもあります。純粋な「仕事以外」の引き出しが空っぽ！もっと遊ばなくちゃ！と思いました。

まずはテニスを再開。久しぶりにラケットを握って汗をかくと、体の中身が入れ替わったかのような爽快感でした。次にずっと欲しくて、「でも」とためらっていた電子ピアノの購入を決意。

どんな人も「今、目の前にあること」に意識が集中します。それは仕事だったり、子育てだったり、趣味だったり。でも、そんな自分をもうひとまわり大きな目で見てみたら……。

仕事以外の世界の中に、新たなお楽しみの種が落ちているかもしれないし、子育てを離れた「ひとり」の時間に、今まで気づかなかった自分の可能性を見つけられるかもしれない。

「これもあるけど、あれもある」。「今」の裏側を知ってバランスをとることで、人生はもっと豊かになるのかもしれません。

見えていなければ「ない」と一緒！

以前「おへそ塾」で「なるほど」と思ったのは、ある方が語ってくださった「あえてピントをずらしてものを見る」ということでした。つまり、「あえてぼやかして、ものを見る」ということ。

きっかけはお風呂に入ったとき、いつもは眼鏡をはずすのに、うっかり忘れたことだったそう。湯船につかってあたりを見渡すと、いつもはぼんやりとしか見えなかったのに、隅々までくっきりはっきり。するとあちこちにカビを発見。

「毎日、あ〜気持ちいい〜と入っていたのに、こんなに汚れていたなんて、とゾッとしたんです」とおっしゃっていました。

でも、「いつも見ているつもりで見えないものがある。だからちゃんと見ないと」とは思わなかったのがすごいところ。

その方は、「見えるってなんだろう？」「見えないってなんだろう？」と考えたのだといいます。

たしかにそこにカビがあっても「見えていなかった」ら、まったく気にならなかった。だったら、「見えないもの」は「ない」と同じ。

世の中にある「事実」は、たしかにそこにあるけれど、自分が「見る」「見ない」で、そこに「ある」「なし」が決まる。

だとするなら、今まで当たり前だと思っていたことをピントをずらして見てみたら、「こうじゃなきゃ」と思い込んでいたことが実は必要ないことになるんじゃなかろうかと。

この話に深く納得したのでした。

私たちが事実と思い込んでいることも、自分の「見る」「見ない」という意志によって変えることができる。

うれしい、悲しい、つらい、しんどい、苦しい。

生きているといろんなことが起こるけれど、それは自分の態度次第で変えることができるのかも……。いつもの身のまわりを、「見る」「見ない」という選択肢を意識してもう一度見直してみたいと思いました。

おへそ塾って、私がみなさんの「おへそ＝習慣」を引き出してあげる、なんて偉そうに考えていたけれど、回を重ねるごとに参加者のみなさんが語ってくださることがとても参考になって、私自身が教えられ、助けられていることに気づきました。

人ひとりができることなんてほんのわずか。

隣にいる人の力を借りることのすごさを実感しています。

9月30日

いちじくのコンポート

毎日食べる豆乳ヨーグルトに添えるために、季節の果物でコンポートを作っています。

今は、桃が終わり、洋梨が出回るまでのちょうど端《は》境《ざかい》期。この短い時期は、いちじくのコンポートを作ります。今年は、菓子研究家、福田里香さんの著書『いちじく好きのためのレシピ』（文化出版局）を手に入れ、ちょっと違った作り方に挑戦してみました。

まずは蒸し器にぴったり収まるサイズの耐熱皿を用意します。そこにヘタだけを取ったいちじくを並べ、蜂蜜とレモン汁を回しかけて、湯気の上がった蒸し器の中へ。40分ほど蒸すと、水もワインも加えていないのに、いちじく自身から水分が出て、コンポートができあがります。

今回は12個作りました。「うまくいくかな？」と恐る恐るやってみたけれど、見事に完成！　ワインで煮るコンポートに対し、蒸すだけなので、煮崩れしないのがうれしい。ふっくら蒸しあがってやわらかいのに、果肉がしっかりしているのが特徴です。

ついでに、水切りヨーグルトも作ってみました。コーヒードリッパーにペーパーをセットしてヨーグルトを入れ、一晩おくだけ。ねっとりとしたクリーム状になるので、蜂蜜で甘みを少し加えます。これをいちじくのコンポートに添えると、まるで高級スイーツのよう！ つい食べ過ぎてしまいます。

昨日は朝の10時に定休日の「コロモチャヤ」さんへ。最近、2か月に一度ほど、店主の中臣夫妻と3人で会合を開いています。題して「イチダさんに質問する会」。敏腕のコンサルタントとして仕事をしていらっしゃる夫の幸次さんに、「いいなあ、私もコンサルしてほしい」と一言ポロリと言ったのをきっかけに、「じゃあ、手始めにおしゃべりする会を開きましょう！」とスタートしました。そして、「いつもは取材で私たちにインタビューをしてくださるから、この会では私たちがイチダさんに質問します！」と。

始めてみると、「互いに質問し合う」という形になったのですが、この集まりが予想以上に楽しくて、毎回いそいそと出かけていきます。

今回のお題は「あなたの自画自賛はなんですか？」というもの。自分で自分のいいところを語る。これはなかなか難しい！　妻の美香さんが語ってくれた自画自賛は――

「この前スタッフに『人に対して言いづらいことを、さわやかな顔で言いますよね』って言われたんです。たしかに私は、言いづらいことを言うことで、人との関係ってよりよくなると思ってるんですよね」

なるほど〜と思いました。私はコレが苦手。人から嫌われたくない、という思いが強すぎて言葉を飲み込んでしまいます。でも「言えば、この関係がより良く、より深くなる」と思えば、なんだか言えそうな気がします。

幸次さんの自画自賛は、「本気でアクセルを踏んで、本気でブレーキを踏むこと」なのだとか。思いついたらやってみないとわからない。だから本気で準備をして、アクセルを踏んで走り出す。でも、「あれ？違ったかも」と思ったらすぐにブレーキを踏む。すべてはその繰り返しだと。「どうせ失敗するから」と本気でアクセルを踏まなかったら、何が間違いかが見えてこないそう。

ちなみに私の最近の自画自賛は、「相手にわかりやすくしゃべること」。最近は「書く」だけでなく、イベントやライター塾、動画などでしゃべる機会が増えてきて「おもしろい」「わかりやすい」と言っていただくことが増えました。でも、この自分の「自画自賛」が自分の暮らしや仕事にどう役立つかはまだ不明。次回までの宿題になりました。

2か月後には、いちじくも洋梨も終わり、りんごのコンポートを作っている時期かもしれません。季節は飛ぶように流れていくけれど、誰かと真剣に向き合って話したことは、着実に積み重なっていくんだなと感じます。

夜が次第に長くなる

10〜12月

10月 1日

香りで体と心をレスキュー

午前中体調が悪く、少し休んでおりました。ぐ～ぐ～寝たら、元気になりました。そんなに忙しさマックスではないのに、気をつけなくちゃいけません。

起きて気分を変えるために、ホワイトセージを焚きました。私はこの香りが大好き。頭がすっとクリアになります。

ホワイトセージはまとめて買っておき、ストックしています（通販などでも買うことができます）。小さな陶器の箱に移し替えてスタンバイ。なんだか気持ちがもやもやするとき、体がだるいとき、この香りにレスキューしてもらいます。

わが家のリビングと玄関の靴箱の上には、お香用の小皿があります。どちらも古道具屋さんで手に入れたもの。この小皿にセージの葉を1～2枚置いて火をつけます。す～っと煙が立ち上り、なんとも言えない香りが広がっていく……。

具合が悪いときの私の復活方法は、まずはなんといっても寝る！

そして、起きたら香りで気分をシャキッとさせる。そして、無理して食べない、水分をたくさんとる、といったところ。

ちょっと具合が悪くなると、当たり前に健やかでいることが、どれだけ力になるかがわかります。こうして文章を書くことも、家を整えることも、おいしい料理を作って食べることも、体と心が健やかであればこそ。

疲れをため込まないように気をつけなくては。

10月　3日

夜は インプットタイム

ある日、取材で「ギャラリーフェブ」のオーナー引田かおり&ターセンご夫妻のお宅に伺うと、リビングで素敵なフロアライトを見かけました。

すーっと伸びる黒くて細いアームの先にランプが付いており、ソファに座って本を広げるときは、アームをぐっと下げて手元を照らせるというもの。１９７５年にイタリアのルミナ社創業のときに発表され、45年以上も変わらないデザインだそう。これを見て「あ、そうだ！」とひらめきました。

このランプを手に入れて、夜はテレビを消してソファに座って過ごそう。本を読んだり、今まであまりチェックしてこなかったＹｏｕＴｕｂｅをｉＰａｄで見るのもいいかも。「いいこと思いついた！」とワクワクしながら家に帰り、買う気満々で教えてもらったインテリアショップのウェブサイトをチェックしてみたら……。なんと価格は税込10万円以上。これは、ポチッと買える値段ではありません。結局思い切れずペンディングになりました。

あれから半年が経った今。暑い夏が終わって秋になり肌に触れる空気が冷たくなってくると、また「夜時間充実作戦」をやりたい気持ちがムクムクと湧き上がってきました。

「やっぱりあのライト、買おうかな？」と再度ウェブサイトを覗いてみたけれど、思い切れなくて。そんな中、「そうだ、ライトを買う前に、一度練習をしよう」と思いつきました。

わが家には、昔買ったアンティークのブリキのライトがあります。読書用には少し暗いのですが、これでがまん。さっそく夕飯後、ポータブルスピーカーをソファサイドに置いて、オスカー・ピーターソンのジャズピアノを流しながら、ライトをつけて本を広げました。

これが、なかなかいい時間だったのです。

今まで読書といえば、仕事への行き帰りの電車の中か、お風呂に入りながらか、寝る前か。つまり、いつも「何かと何かの隙間時間」でした。それが、じっくり読むと、本の世界への「入り具合」が全然違うのです。どっぷり、ゆったり浸ることができる。これはやってみないとわからないことでした。

ｉＰａｄでは、いつか見てみたいと思っていた「ヒロシちゃんねる」を。ソロキャンプでご飯を作る様子もおもしろかったし、何より、小川のせせらぎや、パチパチと薪がはぜる音を聞いているだけで癒されました。

思えば、朝から夕方までは、ずっと仕事タイム。ひたすらアウトプットの時間です。夕暮れを境目にスイッチを切り替えて夜はインプットタイムにする、というのはなかなかいい案のように思いました。

10月7日

誰かと意見が違っても、時間をかけて、手間をかけて

夕方に晩ご飯の買い物に出たら、6時にはもう真っ暗。ついこの間までは7時頃まで薄明かるかったのに、なんだかもの寂しい気分になります。季節は確実に進んでいるのですね。

この時期、花屋さんで秋明菊《しゅうめいぎく》を見つけると必ず買って帰ります。若い頃、取材に行った先に生けてあって知ったこの花。郊外では道端に咲いていて、それが「秋明菊」という名前だと教えてもらったのでした。見つけるたびに、20代だった頃の、取材を終えた夕暮れの帰り道を思い出します。

私は占い好きというわけではないけれど、時折その言葉に気づかされたり、背中を押されたり。特に石井ゆかりさんの文章が大好きで、彼女の週報「筋トレ」をよく読んでいます。先日ハッとした一文。

「時々『自分の感覚』が『他人の意見』に飲み込まれてしまう。『自分の感覚』を軸にして、『他人の意見』を参考にする、というくらいの形が望ましいのかもしれません」

たしかに、私は人と意見が食い違うことが大嫌いなのです。

できれば、「ああ、そうだよね!」と、みんなで頷き合って進みたい。そこに違う意見の人がいるとモゾモゾします。

でも、石井さんはこうも綴っていらっしゃいました。

「今はおそらく『これを信じれば、全て解決!』というような手軽なスッキリ感を求めるべきときではないのかもしれません」

なるほど〜、と思いました。

私はいつも「すっきり」したかった。でも、人と意見が違うことでぶつかり、考え、再構築して、時間をかけて答えを見つけていくというプロセスが大事。

結論が出なくても、「信じるもの」を一本化できなくても、進んでいくうちにいつか道が見つかる、という雰囲気の時間帯です。

深呼吸をして、違うものを受け入れるおおらかさを持ちたいと思います。

10月12日

スタバで出会った魔法の言葉

先日は車で打ち合わせへ。サービスエリアでちょっと早めの昼食をと、一人でスタバに立ち寄りました。

「えっと、バターミルクビスケットと、キッシュと……」とオーダーを済ませたとき、「ちょっと待て。これじゃあカロリー高すぎるぞ」と内なる声が。

店員さんは、すでにテキパキ準備を進めていたのですが、「あ、すみません。今から変えても大丈夫ですか？」と聞いてみました。

すると、にっこり笑って「もちろん！」と彼女。この「もちろん！」という一言にノックアウトされてしまいました。

レジを打って、お皿を用意して……と準備をしていたのに、もう一度始めに戻ってオーダーをやり直し。なのに、「もちろん！」と。

ああ、なんてすばらしい言葉なんでしょう！

この後には、「あなたが、ここでおいしく心地いい時間を過ごしてくれるなら、もちろん、一番いいオーダーをしてくださいね」という気持ちがつながっているはず。そう感じさせる言葉でした。そして、私はこんなふうに、相手を気持ちよくさせる言葉づかいができているだろうか……と反省したのでした。

相手が途中で予定を変更したり、言っていたことと違うことをやり始めたり。でも、それがより良くなることならば「もちろん！」とにっこり賛成する。そんなことができているだろうかって。

さらに。

バターミルクビスケットに、どうしても蜂蜜をかけたいワタクシ。でも、今スタバはコロナ対策で、自分でかける砂糖やミルクのサービスを中止しています。だから蜂蜜も見当たらない。するとすぐに「どうしました？」と声をかけてくれた男性スタッフ。

「あの～、蜂蜜が……」と言うと、「あ、すぐにお持ちしますね～」と紙コップに少し入れてテーブルまで持ってきてくれました。

スタバのスタッフさんすごい！

その数日後のこと。

「これはちょっと違うんじゃない？」ということがあり、私にしては珍しく、相手にストレートに「違うと思う」と伝えました。
すると……。自分でもびっくりするほどスカッとした！　うわっ、「ちゃんと伝える」ってこんなにスカッとするものなんだとびっくり。

今までだと、「こんなこと言ったら相手が傷つくかも」などいろんな気をつかいすぎて、私は「怒り」を外に出せなかったのでした。ちゃんと伝えれば、そこで気持ちはクリアになる。そうすれば、その相手とも、またまっさらな気持ちで向き合える。そんな基本的なことを、この歳になって学びました。

相手に非があっても「もちろん！」と受け入れる。でも、違うと思ったら「それ、違う！」と言う。

一見真逆に見えるけれど、これって同じことだなあと思います。どちらも、自分という「管」を磨いて、目の前に起こることに対して、ピピピピッと正しい反応ができる自分でいる、ということ。「管」に詰まりがなくてクリアだからこそ、相手に優しくできる。

詰まっているから、「チェッ」と舌打ちしたくなり、詰まっているから、怒っているのに自分の気持ちにフタをして、より詰まりをひどくしてしまう……。

クリアでいこう！と思ったふたつの出来事でした。

そして、私も誰かに何かを頼まれたら「もちろん！」ってにっこりしてみようと思います。

10月15日

負けられる人になりたい

〝はまじ〟こと浜島直子さん初の随筆集『蝶の粉』(mille books)を読了。

いや〜、読み終わってすぐの感想は、「はまじ、ずる〜い!」でした。はまじさんといえば、今年の春、はまじさんのテレビ番組「暮らしのレシピ」に出演させていただき、わが家にも撮影に来ていただいたのでした。

美しくて、スタイルがよくて、明るくて、みんなに好かれていて。それだけ「いいところ」が目白押しなのに、文章がこんなに上手だなんて!と思ったのでした。

幼い頃の思い出から、結婚のこと、子どもが生まれたこと、夫のこと。時を超えて、はまじさんの心にずっと残っていた物語が瑞々しい文章で綴られています。

私が好きなのは、はまじさんが16歳の頃、『mc Sister』を読んで、初めて黒いタートルネックのセーターを買いに行くお話。どうしてそのセーターに惹かれたのか、お小遣いを握り締めてお店を訪れたドキドキ感、それを持って帰って自分の部屋で正座をして、そっと開けてみたこと……。はまじさんの洋服とのお付き合いの原点がここにあるようで、私までドキドキして読みました。

さらに、「正しい人見知り」というエッセイ。はまじさんが、小学生の頃、転校した先で知り合ったA君とのエピソード。知的障害があった彼に「風邪ひくからちゃんとパンツ穿きな」と、別に親切にしようと頑張るわけでもなく、当たり前に、姉御風に世話をするはまじさん。

そして。「生きることとは、他人と関わることなのだと思う」という一文に、ハッとしたのでした。

私は気にしいで、いつも「明るく閉じている」と言いながら、なるべくラクして生きようとしていたから。人と関わると、わかってもらえなかったり、行き違いがあったり、羨んだり、羨まれたり、嫉妬したり、されたり、いろいろややこしい。だから、なるべく面倒くさくならないようにと……。

なのに、はまじさんは「生きることとは、他人と関わることなのだと思う」とさらりと言ってのける。それは、大仰に考えることではなく、「風邪ひくからちゃんとパンツ穿きな」と目の前の人に言ってあげられることなんだろうな。

もうひとつ心に残ったのが、「毒味」という一編。23歳で結婚されたときのことが綴られていました。

「そんな私が阿部王国に嫁ぎ、心の底から震えるほど驚いた文化の違いがある。それは、阿部王国の人々は皆、負けていることだった」

阿部さんというのは、はまじさんの夫の姓です。はまじさんはさらにこう書いています。

「当時の私は『負けねぇぞ』と息巻いて仕事に立ち向かっていた」

なのに夫の家族はみんな、相手に勝とうとするのではなく、素直に、ころっと負けられる人だった。

そして、はまじさんは義母と過ごしながらこう綴るのです。

「私も母ちゃんみたいに、負けられる母ちゃんになりたい。自分の弱さを素直に見せられる、弱さを人のせいにしない、負けられる人になりたい」

なんてすごい観察力だろう。なんて素直な心なんだろう、としみじみ思いました。明るいはまじさんならではの愉快なお話あり、ジンとくるお話あり、そして、どの物語も美しく、読み終わるとちょっと泣きそうになります。

手元に置いて、何度も読み返したくなる一冊でした。

10月30日

電子ピアノがやってきた

わが家に電子ピアノがやってきました。

２年以上前から、買おうか、どうしようかと迷って、しばらくは家の近所にある1時間９００円というピアノスタジオに時々通っていました。でも春からは、緊急事態宣言で行けなくなりました。

ピアノを見に何度もヨドバシカメラに通い、女性スタッフの方に相談にのってもらって、やっと決断。今、コロナ禍でピアノを買う人が増えているのだそうです。海外でのパーツの製造が遅れていることもあり、２か月待って、やっと届いたのでした。

幼い頃、いやいやピアノを習っていたワタクシ。あの頃、やっていてよかったなあと思います。夕飯を終えてから、おもむろにピアノの蓋を開けて……。

もうすっかり指が動かなくなっているので、まずは「エリーゼのために」から。

いずれは、米津玄師さんの「Lemon」とか、キングヌーの「白日」とか、藤井風さんの「帰ろう」とか、クイーンの「ボヘミアン・ラプソディ」とか練習してみたいな～！と夢が広がります。

若い頃は、ワクワクって外にあるもの、と思い込んでいたけれど、歳を重ねるにつれて、ワクワクは毎日の生活の中で無理をせず手に入れられるもの、と思うようになりました。

しばらくは、夕飯後のピアノの練習を頑張ろうと思っています。

10月31日

夕ご飯の風景

秋が深まって、冬の足音も聞こえてきました。

昨日、この秋冬になって初めて大根を炊きました。私は、大根の煮物が大好きなので、うれしい季節です。

今回はちくわと一緒に炊いてみました。副菜の焼きなすは、塩麹とごま油、レモン汁、ちょっとだけナンプラーで、パクチーと一緒に和えました。

わが家では、夫がお酒を飲むので、ずっと夜はご飯を炊かずおかずだけでした。ところがパーソナルトレーニングの先生に「ご飯は食べたほうがいいですよ」と言われ、ご飯炊きの土鍋を出してきて炊くことに。ご飯を食べたほうが、エネルギーが燃えやすく、代謝がよくなるのだとか。さらに、おかずだけだとどうしてもたくさん調味料を使うので、塩分や糖分も過多になりやすいそう。

お味噌汁とご飯と干物と大根の煮物というザ・和食が、昨晩のメニューです。

そして！

私は、朝晩体重を計っているのですが、夜、お風呂からあがると、やっぱりお米を食べたからかいつもより重かった。でも朝起きると、いつもより体重が減っていました。

エネルギーが燃えやすいってこういうことか！とウキウキしたところです。

11月6日

世の中には「知らないこと」がいっぱいある

最近、新しいことをいろんな人に教えてもらって、「へ〜！」「ほ〜！」と〝知る〟ということを楽しんでいます。

そのひとつが卓上加湿器。新型コロナウイルスは空気が乾燥すると感染しやすいと聞いて、加湿器を買おうと思っていました。

そんな時、ある方に「大型の加湿器は、清潔にキープするのが難しい。デスクの上などに置ける小さなものなら、洗ったり乾かしたりする手入れがラクでおすすめ」と聞いたのです。

それで、いろいろ調べて買ってみました。ＵＳＢで充電ができ、デスクの上に、食卓に、寝室のベッドサイドにと移動させて使うことができるものです。これが本当に優秀なのかどうか、これからいろいろ使ってみる予定です。

先日、「サボンデシエスタ」の附柴彩子さんと一緒にカフェへ。仕事のこと、日々の生活のこと、使っている手帳のこと、インスタライブに使う道具のことなど、いろんなことを教えてもらいました。

附柴さんが使っていらっしゃる「ＣＩＴＴＡ」という手帳にも興味津々。「手紙社」さんには部員制度があって、部員になると、毎朝手紙社の創始者であるご夫妻がご自宅から配信されているラジオを聞けたり、おもしろい「部活」に参加できたりするということも教えてもらいました。

ライター塾に参加してくださったある方は、ご自身で携帯のアプリを利用して、毎朝ラジオで発信していらっしゃるそう。個人でそんなことができるなんてびっくり。ここ数日、毎朝メールチェックなどをしながら聞いています。

世の中には、雑誌やウェブだけでなく、自分の思いを発信するためのいろんなメディアがあるんだなあと、世界がひとまわり大きくなった気がしました。

まだ、これらの情報はインプットしたてのほやほや。これから、ひとつずつ試しながら、生活に取り入れてみたいと思います。

調べて生活に取り入れ、やっぱりダメだったとあきらめたり、これはいいと実感して定着させたり。そんな実験時間も楽しい。

でも、これって、自分でちょっと「扉」を開けてみないと得られなかったことばかり。人に詳しく話を聞いてみたから、知ることができました。

いろんな扉をコンコンとノックすることは大切だなあと思います。

11月9日

時が育ててくれるもの

昨日、日本橋三越本店で開催していた「おへそ的、買い物のすすめ展」が無事終わりました。

搬出を終えたら21時過ぎで、吉祥寺の駅に降り立ったのは22時前でした。ちょうど出張帰りだった夫と駅で待ち合わせ、ラーメンを食べて帰りました。

今日は朝から半身浴をして、筋トレをして。いつもの日常がまた始まります。

おへそ展の搬出を終えて、出展者のみなさんが、ひと組、ふた組と帰っていくとき、寂しいような、愛おしいような、うれしいような不思議な気分になります。

「また来年ね〜！」と手をふると、ああ、「おへその仲間」が、時をかけて育ったなあと思うのです。

私は三日坊主で、すぐ結果が出ないとイヤで、コツコツと同じことを続けることがものすごく苦手です。

でも、こうやってふと振り返ると、自然に時が積み重ねられ、育ったものがある。やっぱり「続ける」ってすごいことなのだなあと思わずにはいられません。

最初は小さなブースでほんの少し商品を並べただけ。そんなお店に、やがて「去年も買ってよかったから」と再びお客様が来てくださって、少しずつ売り上げを伸ばし、今やすっかり人気店に。そんな様子を見ると、最初はスロースタートでも、信じてコツコツ続けていれば、きっとみんなにわかってもらえる、と信じられる気がします。

改めて自分のまわりを見渡してみれば、自然に時を重ねたことがたくさんあります。夫との時間もそう。

実はイベント期間中、夫は出張で、私は「ご飯の心配しないでいいし、ラクチンじゃ〜！」と思っていたのでした。

でも、夜一人で帰って、一人でご飯を食べ、一人で寝て、翌朝一人でゴミを出す……。そんな毎日は、どこか緊張していたよう。

昨日夫が帰ってくると急に力が抜けて、ダメダメな自分になってしまいました。「今日はいいや」と部屋を片づけないまま熟睡。

ムカつくこともたくさんあるけれど、長く時間を過ごすうちに、一番心を許すことができる「何か」が育っているのだなあと思います。

会期中、朝のストレッチをサボったら、テキメンに肩こりが。これはいかん！とやっぱり続けることにしました。これも、毎日時を重ねていく中で、自分の体が整うことを知ったのでした。

そう考えると、「あれ？　三日坊主の私が続けられていること、意外にたくさんあるじゃん」と思えてきます。そして「そっか！」と思い当たりました。

続けられていることは、「意志の力」を超えて、「自然に」積み重なったことばかり。

ふと気づくと「おへそ展」が10回以上回を重ねていることだったり、夫とご飯を食べ、おしゃべりをすることだったり、筋トレをして体の調子を整えることだったり。

目の前にあることを淡々と続けていたら、いつしか時が、何かを育ててくれる。

自分の人生は、自分の力で組み立てている気になっていたけれど、もしかしたら、生きていくということは、もっとナチュラルな、ゆるやかな、「当たり前の繰り返し」なのかもしれません。

だとすれば、無理して頑張らなくても、今やっていることを信じればいいだけなのかも。

６日間のキラキラ輝くイベントが終わった夜、そんなことを考えました。

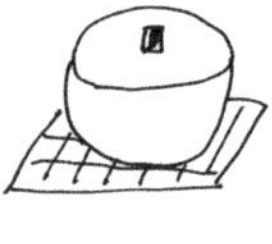

11月 10日

「いっぱいいっぱい」の日も なかなか いいじゃない！

昨夜は、猛烈に和食が食べたくなって、ちょっと早めから晩ご飯の用意を始めました。

作ったのは――

○大根とがんもどきの煮物

大根はお米ひとつまみを入れて下茹で。がんもどきは一口サイズのものを。かつお節と昆布の出汁でコトコト。

○あじの干物を焼いて

生の魚より、なぜか干物が好き。コンロの上に網を置いて焼きます。

○れんこんを茹でてマヨネーズとからしで和えたもの

からしをプラスするのが大人味にするポイント。

○生きくらげと卵の黒酢炒め

あやちゃんに教えてもらってから、すっかり生きくらげに夢中！

そして、土鍋でご飯を炊いて、白菜のお味噌汁を作って。

は〜、おいしかった。特別なものはなんにもないけれど、イベント期間中は、お弁当を買って帰ったり、パスタやうどんだったりしたので。あれこれおかずを並べた食卓は、何よりの元気の源。

これがずっと続くと、「あ〜、めんどくさ！」ってなるんだけど、ご飯を作って食べる時間もない日々が続くと、「うちのご飯」がたまらなく恋しくなります。

当たり前のことができなくなったとき、当たり前が愛おしくなる。今年はとくにそれを感じる日々です。

「忙しさマックスで、なんにもできない」から「いつもの日常」へ。その境目に立つとき、「いつも」を見直すことができて、これもなかなかいいものだと思えます。

11月13日

仕事に役立たないことをやるって楽しいぞ

昨日は随分冷え込みました。新型コロナウイルスの感染者数が増えて、心がザワザワするこの頃です。

そんな中、テニスのレッスンに行ってきました。インドアのスクールは、この状況下なので一旦お休みすることにしたのですが、その代わり、外のコートでパーソナルのコーチから一対一で時々レッスンを受けています。

これが楽しい！　今の私の生活の中で一番のお楽しみです。

中2から高1まで、そして大学時代と軟式テニス部だったワタクシ。硬式だってそこそこできるはず！と思っていたのですが、いざ始めてみたら、全然できない。

この「できない」って体験がものすごくいいのです。

大人になってこんなにも「あ〜、できない！」って思うことは、ほとんどなかったように思います。悔しくて、どうしたらできるようになるかがモーレツに知りたくて、なんとかできるようになりたくてたまらない。

幸い、コーチは教え方がとっても上手でよくわかり、その通りに体を動かしてみると、たちまちラケットにボールがフラットに当たるようになったり、どこへ飛んでいくかわからなかったのが、ちゃんと狙うところへ打てるようになったり。コーチの説明を聞き、試しにやってみて、うまくいったら小躍りするほどうれしい。

　でも、すぐにまたできなくなるから、体に覚え込ませるように、何度も練習する。すると、だんだんできるようになる。このプロセスは病みつきになります。

　この年齢になって、仕事より大事なことができるなんて、思ってもみませんでした。そして、「いつも」から一歩離れるって、こんなにも大事なことだったんだ、と実感しています。

　テニスコートに立つと、「ライター」ではなくなります。そして、1時間ヘトヘトになるまで走り回ってボールを打ち、汗だくになってレッスンを終えると、さっきまで気になっていた仕事のことも、今日のご飯の準備のことも、すべて洗い流されて、「何者でもないワタシ」

になっている気がするのです。

「いつも」からの離れ方は人それぞれ。今はなかなか難しいかもしれませんが、ライブや演劇に行ったり、友達とおしゃべりしたり、手を動かして何かを作ったり。

そんな時間は、何かに「役立つ」わけではありません。今まで、仕事に役立つことしかやってこなかった私にとって、そんな「役立たないこと」をやることが、とても新鮮です。

仕事に役立たないことをやる。

家事や育児に関係ないことをやる。

そこには「何者でもないワタシ」の軸を太くしてくれる世界が待っているような気がしています。

11月16日

背中のネジがギ〜ッと巻かれた音がする

先日買った卓上加湿器。いったいコレでどれくらい湿度が上がるものなのだろう?と、湿度計付きの目覚まし時計を仕事部屋に運んできました。だいたい40〜50%の間を行ったり来たり。

わが家は古い一軒家で寒いので、冬はガスか石油ストーブなのですが、まだそこまで寒くないのでエアコンを使っています。エアコンを入れると、とたんに湿度が下がり、こんなにも空気が乾くものなのか!と知って驚きました。

加湿器をつけても、あまり湿度は上がりません。そこで、濡れたタオルをカーテンレールにかけてみると、2〜3時間でカラッカラ。今は濡れタオル&加湿器で湿度計とにらめっこしながら過ごしています。

いろいろなイベントが終わり、いよいよ、仕事が本格的に忙しくなってきました。「ま、いいか、明日で」とは言えなくなった。

この時期になると、頭の中で「そろそろやばいぞアラーム」が鳴り始めます。

すると、背中でギ〜ッとネジが巻かれる音がするのです。

ちゃんとやることを書き出して、優先順位を決めて、順番にサクサク片づけていかないと間に合わない。

ネジが巻かれると、とたんにテキパキモードに変わります。

1倍速の再生が、2〜3倍速になったみたいに、原稿を書いてコンテを書いて、その間に「びびりんぼ日記」を発送して。あれこれやって午前中が終わる頃、「お〜、私もやればできるじゃん！」と思うのです。

だったら、もっと早くネジを巻いておけばよかったのに。毎回そう思うけれど、「やばいぞアラーム」が鳴る日々が終わったら、いきなりネジが切れ、またダラダラモードに戻ってしまいます。

ずっとテキパキモードのままだったら、さっさか仕事を片づけて、もっと違う時間を楽しめるのに。テキパキモードの日には一日10個のことができるのに、ネジが切れると一日2個しかできない。

その落差の激しいこと！　時間の使い方って難しい。どうやら私の背中のネジは、お尻に火がつかないと作動しないようです。

つまり、「これだけのことをこの期間にやらなくちゃいけない」という全体が見えたら、動けるということ。

パワーダウンしてしまうのは、未来の時間が見えないとき。見えればできる。見えないとできない。この法則を利用すれば、「何かをやってみたい」と思ったら「何か」を「見える化」すれば、エンジンがかかるってことなのかもしれません。

私はこの先、何がやりたいのかな？

視界の先をクリアにしていこうと思う月曜日です。

11月 18日

誰かの「言いなり」になってみるって、意外にいい！

いつの間にかイライラして、気がつけば「ふ〜」とため息をついていました。すると、夫が「たまには、散歩に行こうよ」と。

「今、そんな暇ないし、そんな気分じゃないし」とワタクシ。

次の日また夫が「そろそろ、散歩行こうよ」と。

あんまり言うので、「ま、いいか」とイヤイヤ、スニーカーを履いたのでした。

すると、家を出て次の角を曲がったあたりから、スコ〜ンと気分が切り替わりました。

「ああ、今日はこんな青空だったのね」

「わあ、もうこんなに紅葉が進んでるのね」

強制終了して出てきてよかった。

自分の思考回路の一歩外へ出る、まったく興味の「きょ」の字もなかったのに誰かの誘いにのってみるって、すごく大事なことなんだなあと改めて思ったのでした。

私は散歩に出たいなんて、これっぽっちも考えていなかった。でも、たまたま横にいた人が、「行こうよ」と言うからしぶしぶ外に出た。他人の言葉にのってみると、自分だけでは見られない風景を見られることがある。

もし、なんだか行き詰まっているなあ、とか、息苦しさを感じているなら、自分の力でなんとかしようとしないで、自分を明け渡して誰かの言いなりになってみるのもいいかもしれません。

帰ったらすっかり機嫌がよくなって、鼻歌を歌いながら洗濯物を畳みました。

私は大層頑固者で、「これがいい」と思ったら、それ以外のことをなかなか受け入れられません。

でも、最近よく感じることがあります。

たとえば、「あの公園に咲いていたバラは、赤色だったよね」と言う人がいたとする。でも、私は「たしか白色だった」と思ったとする。

そのとき、「いや、赤じゃなくて白だよ！」と誤りを正すことだけがいいことじゃない。

「そっかな？　私は白だと思っていたけれど、もしかしたら赤だったかもね」と言える人がいいなあと思うのです。

相手に迎合するという意味ではなく、たとえ自分と意見が違ったとしても、相手の言うことを受け入れるって大事だなあと思います。

相手の言っていることが「違う」と思うことと、相手そのものを否定することは、違います。

自分と違ったとき、すぐさま「違う」と否定するのでなく、「違うかもしれないし、合っているかもしれない」というファジーな状態を受け入れる。自分の中に、そんな余白を持っていたいなあと思います。

11月20日

羽毛布団の打ち直しを体験

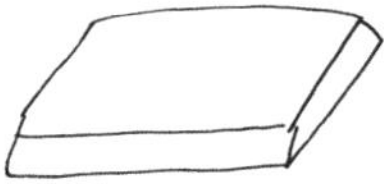

1週間ほど前、わが家に大きな荷物が届きました。待ちに待った中身はというと、羽毛布団です。1か月前に打ち直しに出して、やっと仕上がってきました。

布団の打ち直しというものがある、と知ったのは随分前のことでした。私もやってみたいなあと思いつつ、結構なお値段がするし、面倒くさいし……とずっと後回しに。

わが家の羽毛布団は、実家からもらったもので、激しい色と柄でした。布団を干すたびに、その激しい色柄が目に入ってげんなり。中の羽毛はいいものだ、と母は言っていたけれど、どうにかしたいと思っていたのです。

布団の打ち直しに出すと、カバーも白やグレーなど無地の生地を選べるらしいと聞いて俄然やる気になりました。どこに頼めばいいのかわからないので、ネットで調べて最初に出てきた会社にお願いしてみることに。

いろいろなコースがあるのですが、どうせだからと、羽毛を取り出してクリーニングし、羽毛が足りない場合はプラスして新しい生地に詰めてくれるというコースをチョイス。

インターネットで申し込みをすると、まずは専用の袋が届きます。これに布団を詰めて送るだけと、とっても簡単。数日後に連絡があり、2枚の布団の羽毛の量が微妙に違うので、取り出して洗って、均等に振り分けて詰めてもいいですか?とのこと。「もちろん、お願いします」と頼みました。

そして、約1か月後に届いたのが、本日の箱というわけです。真っ白なカバーで、ふわっふわ。以前と同じ羽毛が入っているのに、厚みは2倍ほどになっていました。

そして、さっそく新しい布団で寝てみると――もう、これが驚くほど軽いのにあたたかくて、気持ちよくて、最高なのです。まるで繭の中にくるまれて寝ているみたい。とくに朝、起きがけも体がポカポカ。逆にちょっと暑いぐらいです。

夜にベッドに入るのが楽しみになりました。

11月25日

やっぱりおうちのご飯が一番

出張からの帰り道、「あ〜、おうちのご飯が食べたい」と毎回思います。どんなに拙くても、蒸したて、焼きたて、のおかずを自分好みの味にしたてて、いつもの食卓に運んで食べると、ほっとして、これが私の力になっているんだなあと思います。

昨日の晩ご飯はシュウマイ。わが家では、豚ひき肉に、しいたけとほたて、玉ねぎのみじん切りを加えます。簡単なのにウマウマです。

この時期から活躍するのがストウブの鍋。白菜の1/8カットをそのまま入れて水を少し加えて蒸し、取り出したら、お酢をかけます。こうするとさっぱりして、からし醤油でいただくとペロリと全部食べられてしまいます。

副菜は、アボカドとかぶの和え物。塩麴とごま油で和えると、大抵なんでもおいしくなります。

わが家は大皿料理で、ど〜んと盛って取り分けて食べるスタイル。なので、取り皿が必須です。あれこれ揃えて気分によって変えて使います。ちょっと汁気があるものを食べるときには、立ち上がりがある器を取り皿にします。

食卓におかずを並べて、いただきま～す！　作りたての温かいご飯があるだけで幸せです。

シュウマイ

材料……豚ひき肉３００ｇ、しいたけ４枚、ほたて２～３個、玉ねぎ1/2個、酒大さじ１、砂糖小さじ１、醤油小さじ２、塩少々、片栗粉大さじ２、シュウマイの皮

作り方…しいたけ、ほたて、玉ねぎはみじん切りにする。豚ひき肉に、みじん切りにした材料を加え、調味料も加えてよく混ぜ、最後に片栗粉を入れて混ぜる。シュウマイの皮にあんを包み、蒸籠で10分蒸す。

白菜の蒸し煮

材料……白菜1/8個、酢大さじ３

作り方…白菜をストウブの鍋に入れ、水少々を入れて蒸す。蒸し上がったらまな板の上に出し、酢を回しかける。一口大に切り、からし醤油でいただく。

アボカドとかぶの和え物

材料……アボカド1個、かぶ2個、レモン汁、塩、塩麴、ごま油（各適宜）

作り方…アボカドは皮をむいて一口大に切り、レモン汁をかけて色止めをする。かぶは薄切りにし、塩もみする。かぶの葉は細かく刻み、塩もみする。すべての材料をボウルに入れ、塩麴とごま油で和える。

12月 10日

自分の「いいとこ」探しをしてみる

ペシミストの私が、最近「幸せだなあ」と思うことが増えてきました。一日の中にイヤなことと、いいことが散らばっているとしたら、自分の意識を「いいほう」にフォーカスしさえすれば、その日はハッピーになるのだと、最近になってようやく感じられるようになったかな。

あと何年生きられるだろう？と残りの時間を数えるような年齢になる人生の後半、そこに「いいこと」があるなら、味わい尽くさないともったいない。

ぐるりとまわりを見渡して、毛穴を全開にして、「いいこと」を取りこぼさないように。つい最近まで悪いことばかり考えてクヨクヨしていたのに、自分で自分にびっくりです。

その続きで、最近よく考えることがあります。それは、自分の「いいところ」を自分で見つけるのって難しい……ということ。

私って大雑把で、三日坊主で……と悪いところならいくつでもあげられるのに、「じゃあ、いいところって何？」と聞かれると「ムムッ」

と詰まってしまう。

でも、自分で自分の「いいところ」を理解するって大事だなあと思います。自分の長所をきちんと自覚すれば、そこを自分で「利用する」ことができます。

「なんとなく」ならわかっているのだけど、その「なんとなくの得意」をちゃんと腹に据えることが大事。

たとえば私は「書くこと」と「人の話を聞くこと」が得意、ときちんと自覚すれば、だったら、このふたつを足し算してライター以外でできることはなんだろう？と可能性を広げることができます。

「私は几帳面で掃除をすることが得意」なら、それは主婦なんだから当たり前と流してしまうのではなく、きちんと自分の「得意」として自覚してみる。

そうすると、「だったら、どうする？」と次の一歩を考える糧となる気がするのです。

自分の「いいところ」を自分で見つけるって、なんだかおこがましいようで、難しいのです。でも、幸せと一緒で、「そこにある」なら、利用しなくちゃソンです。

私もまだちゃんと見つけられていないので、「いいとこ探し」の練習をしようと思っています。

12月20日

新しい年には「せ～の」で全取り替え！

いよいよ暮れも押し迫って参りました。毎年、なかなか仕事が納めきれなくて、打ち合わせや今年最後のインタビューに出かけるなど、バタバタ過ごしています。

そしてこの時期、来年のために「新しいもの」を揃えます。いつもは仕事帰りにあちこちの店に立ち寄って買い物していましたが、今年はウェブショップで。なので、今は日替わりで来年のための荷物が届いています。

「けじめ好き」のワタクシ。

新年に「せ～の」で、「新しいもの」に取り替えるのが好き。

先日は「伊織」さんで、バスタオルとハンドタオルを。さらに、シルクふぁみりぃではフリーブラキャミソールを。化粧品も、11月ぐらいから買いたいのをぐっとがまんしてちまちま使い、新年でドバッと新しいものに。

最近では、お正月も2日あたりからお店はすべて開くし、昨日と今日はそんなに変わらないけれど、せっかく「新年」という節目があるのだから、一回終わりにし新しく始めるという「けじめ」を盛大にやっておきたい。

まわりの物を新しくしたら、私自身もなんだかまっさらに戻って、またゼロから始められる。そんな気がします。

そして、忙しい中「あ〜、めんどくさ！」と思いながらもあちこちの店で「新しい物」を買うのが、なかなか楽しかったりします。

12月 31日

年末は疲れないよう小分けした小掃除で

あっという間に大晦日になりました。

結局大掃除も片づけもお正月の準備も1ミリもできなくて、今朝も原稿に向かっております。トホホ。

年末は旅行に出かけることが多く、私の大掃除はいつも年が明けてから。一気に片づけるのではなく、疲れきらない程度に小分けにして、少しずつ取りかかります。

今も、気分は「小掃除」モード。気がついたときに、「いつもは目をつぶる」ところに手を伸ばします。それは、ほんのささいな掃除で、たとえば、お風呂のフタのくぼみを洗うことだったり、アロマディフューザーを分解して洗うことだったり。

ディフューザーの蒸気が出る口を洗うなど、細かなところをきれいにするには、１００円ショップで売っているブラシが便利です。さらに、ここは雑菌がたまりやすいので、アルコールをシュシュッとふりかけておけば安心。

昨夜は夫がいなかったので、冷凍庫の大掃除を兼ねて、一人で残り物の晩ご飯。２本とか1個とか余ってしまって冷凍しておいた春巻きやコロッケを救出しました。

家の掃除って、小さなことの積み重ね。いつもは見ないことにしているあれこれに意識を向ける、というのが私にとっての大掃除です。

1月は、意識的に「小掃除アンテナ」を立てておく、という感じ。これって「意識」の問題だから、「面倒だなあ」と思う日はパスします。

一年に1度だけ、大雑把で面倒くさがりの私が、あえて部屋のディテールに意識を向ける。意外やそんな時間が好きだったりするから不思議です。

大晦日の夜、ＮＨＫの紅白歌合戦や「ゆく年くる年」を見ると、なぜか必ず実家の大晦日の風景を思い出します。母や祖母が家中をきれいに清め、おせち料理を作り、花を飾り、夜はいつも家族揃って、海老天をのせた年越しうどんでした。目をつぶったら浮かんでくる、そんな風景が私の中に宿っていることを、幸せだなあと毎年思います。

私は母ほど完璧ではないし、きれい好きでもないけれど、ちっとも片づいていないわが家の年末風景や、年明けに小掃除をしながらこざっぱり整える部屋の様子が、いつかなくてはならない記憶となって積み重なっていけばいいなあと思います。

おわりに

この本は、私自身のサイト「外《そと》の音《ね》、内《うち》の香《か》」で、「日々のこと」として綴った文章を加筆してまとめたものです。週末をのぞく毎日、必ず更新するのは、正直大変です。毎朝起きるとすぐに「今日は何を書こうかな」と考え始め、パソコンの前に座っても、書くことを思いつかない日もあります。それでも、昨日あったことをひとつずつ思い出し、どんな小さな出来事でも、文章に置き換えていくうちに、「そうだった、私はこのとき、こんなふうに感じたんだった」と、自分の内側が掘り起こされていく気持ちになります。

日常はさらさらと流れ去ってしまうもの。今回、一冊にまとめることで、こうして綴った日々のことを読み返してみると、「わあ、私こんなことを考えていたんだ」と、毎日の中の発見に、自分でもびっくりしてしまいました。なかには、とっくに記憶から消え去っていることもあったりして、この機会に読み直せて、とてもよかったなあと感じています。

朝起きて、ちょっと運動して、原稿を書いて、取材に出かけ、帰ってきたらご飯を作って、お風呂に入って寝る。そんな日々は、毎日そんなに変わりはありません。でも、何かのきっかけで、当たり前だと思っていた暮らしを、新しい視点で捉え直し、少し変えてみたり、組み立て直してみたり。私はそんな作業が大好きです。淡々と続く毎日は、昨日の続きの今日がきて、今日の続きの明日につながる……。そんな中で、新しく何かを買ったり、誰かの言葉に刺激を受けたりと、いつもと「ちょっとだけ違うこと」を経験して、そこから新しい光を「いつも」に当てて、暮らしに小さな変化を起こしていく。これからも、こんなふうに「暮らしの脱皮」をし続けたいなあと思います。

一田憲子《いちだのりこ》

1964年京都府生まれ兵庫県育ち。編集者・ライター。OLを経て編集プロダクションへ転職後、フリーライターに。暮らしまわりを中心に、書籍・雑誌で執筆。独自の視点による取材・記事が人気を得ている。『暮らしのおへそ』（主婦と生活社）では編集ディレクターとして企画・編集に携わる。著書多数。近著に『ムカついても、やっぱり夫婦で生きていく』（エムディエヌコーポレーション）、『うちでごはん』（扶桑社）がある。

ブックデザイン　渡部浩美

写真・絵　一田憲子

編集担当　八木麻里（大和書房）

日常《にちじょう》は5ミリずつの成長《せいちょう》でできている

2021年2月10日　第1刷発行

2021年5月20日　第3刷発行

著者　一田憲子《いちだのりこ》

発行者　佐藤　靖

発行所　大和《だいわ》書房

東京都文京区関口1-33-4

電話　03-3203-4511

本文印刷　信毎書籍印刷

カバー印刷　歩プロセス

製本　ナショナル製本

ISBN978-4-479-78529-3

http://www.daiwashobo.co.jp